AF453534

ÉNIGMES HISTORIQUES

GÉOGRAPHIQUES, ICONOLOGIQUES, ETC.

ÉNIGMES
HISTORIQUES

GÉOGRAPHIQUES, ICONOLOGIQUES, ETC.

PRÉSENTANT, PAR TABLEAUX

Les principaux Événements de l'Histoire Générale

PAR

M. D. LÉVI Alvarès père

Chevalier de la Légion-d'Honneur,
Professeur d'Histoire et de Littérature, Membre de l'Académie de Bordeaux
de l'Institut Historique, de la Société géographique, etc.,
Fondateurs des Cours d'Éducation maternelle.

« Ce qui parle aux yeux, témoins
« fidèles, fait plus d'impression que
« ce qui ne frappe que l'oreille. »
(HORACE.)

—

NOUVELLE ÉDITION

—

PARIS

CH. BORRANI, LIBRAIRE-ÉDITEUR

RUE DES SAINTS-PÈRES, 9

—

1878

LES ÉNIGMES.

Le mot Préface produit un effet tellement soporifique (1), que je prends, pour mes observations préliminaires, le titre même de ce petit ouvrage : *Les Énigmes !* il est bizarre ; il piquera la curiosité, et je serai lu.

Qu'on ne pense pas cependant que j'aie l'intention de faire ici un vain étalage d'érudition sur la manière d'enseigner l'histoire ; ce sujet intéressant a exercé la plume de beaucoup d'écrivains, nos maîtres, et j'aime mieux renvoyer les professeurs, les élèves même, aux ouvrages de ces savants, que de leur en présenter une froide analyse. Ce n'est pas que je ne me sente de disposition à faire la guerre à la méthode que l'on suit dans la plupart des pensions et des écoles ; mais toute ma rhétorique persuaderait-elle ? Consentirait-on à faire un *auto-da-fé* des mille

---

(1) *Soporifique*, qui fait dormir. L'explication n'est pas inutile pour tous les élèves.

et mille livres qui nuisent au progrès des
élèves, et qui sont préjudiciables au développement de leurs facultés? Non; malgré moi, et malgré tous les professeurs sen-
sés, les abrégés des abrégés, les extraits des
extraits, par demandes et par réponses, auront longtemps l'heureux privilége de sur-
charger la mémoire des enfants, sans développer leur intelligence, de les retenir dans
les lisières de la routine, sans parler à leur
cœur et à leur esprit. On les accablera, longtemps encore, sous le poids de dix mille
dates, dont neuf mille cinq cents sont incer-
taines ou inutiles; on exigera qu'ils *récitent*
leurs leçons presque d'une seule haleine, et
sans oublier un *iôta*; et, pour leur faire admi-
rer toutes les beautés de l'immortel monument (1) élevé à l'histoire par l'éloquent
précepteur du fils de Louis XIV, on les obli-
gera de retenir, ligne par ligne, année par
année, toutes les dates, tous les noms propres, etc., etc., dont Bossuet lui-même n'a-
vait certainement pas encombré sa mémoire.

(1) Le *Discours de l'Histoire universelle*, par Bossuet.

Enfin, depuis le 1er octobre jusqu'au 1er septembre, on dictera, pendant les leçons, évènements sur évènements, sans s'inquiéter si, des trente cahiers qu'auront remplis les élèves, deux pages seulement auront été comprises, et surtout si le but principal de toutes ces études aura été atteint : la morale.

Cependant, soyons justes, depuis quelques années l'enseignement élémentaire a fait de grands progrès : les professeurs qui veulent bien mériter des familles, suivent avec plus de zèle et de savoir, le mouvement intellectuel qui s'opère chaque jour. On voit s'introduire, dans les bonnes maisons d'éducation, des méthodes nouvelles ; on fait des essais, souvent heureux, de procédés dont le but est de hâter le développement des facultés d'un enfant ; et s'il est des maîtres qui sont poussés par le démon de la *méthodomanie*, leur *bonne foi*, leur *désir de bien faire* n'en sont pas moins une amélioration sensible, qu'il est de notre devoir de signaler. Espérons donc !

J'arrive au but que je me propose en publiant ce petit ouvrage.

Dans mes leçons d'histoire, je ne m'occupe pas uniquement des faits. Les grandes *masses*, les *maisons royales*, les *généalogies essentielles*, tout ce qui peut servir de *jalon*, si je puis m'exprimer ainsi, pour rapporter un évènement quelconque à tel siècle, à telle histoire particulière, enfin à tel règne, est l'objet d'un travail préliminaire que je fais faire à mes élèves.

Je sais fort bien que ce sont les détails, et presque uniquement les détails, même minutieux, qui gravent dans l'esprit des enfants, d'une manière ineffaçable, le souvenir des évènements auxquels ils sont liés; c'est le but des études élémentaires; les études secondaires exigent une autre marche, et voici ce que je fais : avant d'analyser les évènements principaux d'un siècle, j'insiste sur le siècle lui-même, et je le caractérise par des traits généraux d'histoire, de politique, de mœurs, de morale et de littérature. Jusque-là il n'est fait aucune mention de ces réparties, de ces petites chroniques qui sont, si je puis le dire, la physionomie morale d'un roi, d'un guerrier, d'un homme d'État. Ces individualités sont réservées pour la fin de la leçon, et c'est alors que se présentent les *énigmes*. C'est ce que j'appelle, en riant, le *dessert*; et je puis assurer que les enfants s'y montrent très-friands. Le mot *énigme* a, pour eux, tant d'attrait, qu'à peine ont-ils fini l'analyse des évènements, qu'ils s'écrient spontanément : *Les tableaux! les énigmes!* Et le cahier destiné à recevoir, par numéro, l'explication des *énigmes,* est aussitôt mis en avant.

Ce n'est pas assez d'avoir deviné le sujet de l'énigme, il faut aussi dire à quel siècle se rapporte l'évènement représenté, parcourir les principaux faits de ce siècle, suivant les connaissances qu'on a acquises, et nommer les personnages avec quelques détails biographiques. Tous les élèves ne peuvent pas, sans doute, satisfaire à ces questions, tous ne peuvent pas *deviner juste*; mais le maître est là : il proportionne adroitement ses explications à la capacité de son jeune OEdipe.

On voit déjà qu'après une seule leçon, l'élève n'aurait-il détaillé que deux énigmes, il aura retenu des *faits* qu'il se rappellera toute sa vie, parce qu'il se sera donné la peine de *chercher*, et que cette *peine* aura été prise avec *plaisir* parce qu'*il aura trouvé*.

Une objection m'a été faite, et je crois devoir la consigner ici. *Comment voulez-vous,* m'a dit un partisan des méthodes que j'ai blâmées plus haut, *comment voulez-vous que mon fils, qui n'en est encore qu'à Pharamond, aille meubler sa mémoire d'un évènement arrivé à Gengis-Kan, dont son petit abrégé ne parle pas; qu'il sache faire la distinction des armoiries des différents Etats, dont aucun livre classique ne fait mention; qu'il réponde, enfin, à tous vos problèmes iconologiques, ethnographiques, héraldiques, mythologiques, qui embarrasseraient de grands enfants? Non, monsieur, non, je n'approuve pas votre méthode, et je n'achè erai pas votre livre.* — Vous avez raison, ai-je répondu avec calme; mes Énigmes, Monsieur, sont trop difficiles pour votre fils, qui n'en est qu'*au roi Pharamond*. Mais, croyez-moi, ne lui permettez, dans quelque circonstance que ce soit, aucune question qui ait rapport à l'histoire, à moins qu'elle ne regarde le règne *de Pharamond. Papa*, vous dirait-il, un jour que vous l'aurez conduit au Musée, *papa, quelle est cette grande femme qui fait plonger la tête d'un homme dans un vase plein de sang? — Mon fils*, faudra-t-il que vous lui répondiez, *ce n'est pas la femme de Pharamond, c'est une reine des Messagètes. — Des Messa… Qu'est-ce donc que ces peuples-là, papa? — Mon fils, vous n'êtes pas assez avancé pour que je vous le dise. —* Votre enfant, obéissant bien plus que convaincu, se taira, regardera les *hommes* et les *femmes* que représentent les tableaux ; son intelligence ne travaillera pas ; mais ses yeux, en revanche, seront frappés de l'éclat du rouge, du blanc, du noir, de toutes les couleurs variées que présente un tableau. Du Musée vous passez aux Tuileries. *Voilà bien des statues, papa. Qu'est-ce que ces deux enfants, dont l'un tient un cygne, et l'autre une écrevisse? sont-ce encore des… des… Mess…?*

Ici le père m'arrêta, me serra la main en riant, et me dit : *Monsieur, je prendrai vos énigmes, et, dans un an, je vous conduirai mon petit Pharamond.*

Puisse son exemple être suivi, et mon petit ouvrage, continuant à être classique, hâter les progrès des élèves ! C'est le but où tendent tous mes travaux ; car je m'honore de pouvoir dire, comme l'un des plus dignes disciples de Pestalozzi (1) : *J'aime l'enfance, je veux vivre avec elle et pour elle.*

D. Lévi Alvarès.

(1) *Alexandre Boniface*, l'un de nos grammairiens les plus consciencieux, mort en 1837. (Voir sa *Biographie*, par M. D. Lévi Alvarès.)

AUX PÈRES DE FAMILLE

ET

AUX INSTITUTEURS.

On paraît avoir généralement senti l'utilité des *Enigmes historiques*. Les *Pères de famille* qui ont le bonheur de pouvoir s'occuper de l'éducation de leurs enfants ; des *Professeurs* qui savent que c'est par des exemples et non par de beaux discours qu'on obtient des succès dans l'enseignement, ont constaté les progrès rapides que font leurs élèves *de tout âge*, en se servant de ce petit ouvrage.

Dans plusieurs institutions, chaque tableau, déjà expliqué, sert de *charade* pendant les récréations du soir, et cette idée me semble si heureuse, que je ne saurais trop conseiller aux maîtres de pension et aux institutrices d'adopter cette méthode à la fois utile et agréable.

En s'identifiant, pour ainsi dire, avec les personnes qu'ils représenteront, en essayant de prendre le costume du siècle, les élèves conserveront d'une manière ineffaçable le souvenir des événements dont ils auront été un moment les acteurs.

» Un enfant, dit J.-J. Rousseau, n'est pas fort
» curieux de perfectionner l'instrument avec le-

1.

» quel on le tourmente ; mais faites que cet instru-
» ment serve à ses plaisirs, et bientôt il s'y appli-
» quera malgré vous. »

MÉTHODE A SUIVRE.

—

Les *Énigmes* peuvent être divisées en cinq parties : les **Historiques**, les **Géographiques**, les **Mytholo-giques**, les **Iconologiques** et les **Biographiques**.

L'élève, sur son cahier des explications des énigmes, aura soin de les distinguer par les lettres initiales H, G, M, I, B, afin qu'au besoin il puisse réunir tout ce qui appartient à la même classe.

H. Spécifier le *siècle*, le *pays*, la *maison*, les principaux évé-nements du *règne* du roi ou les principales *actions* du guerrier, etc.

G. La partie du monde, le royaume, la province, le départe-ment où se trouve la ville, le fleuve, la montagne, etc. Détails.

M. A quelle classe des divinités païennes appartient le dieu ou la déesse ; ses rapports avec l'histoire, etc.

I. (Tout ce qui tient à l'*iconologie* doit être appris par cœur.) Explication des attributs.

B. A quel siècle appartient le roi, le guerrier, l'écrivain, le philosophe, etc. ; *ce qu'il a fait de remarquable.*

ÉNIGMES

HISTORIQUES, GÉOGRAPHIQUES, MYTHOLOGIQUES,
ICONOLOGIQUES, BIOGRAPHIQUES, ETC. (1).

1.

Un roi de France, qui donna son nom au XVIe siècle, est au milieu de sa famille, des Grands de la cour, des Savants et des Artistes qui ont illustré son règne. Une jeune princesse, placée sur le premier plan du tableau, paraît inviter les spectateurs à nommer tous les personnages représentés.

2.

Un berger présente un enfant à une reine de Corinthe ; de jeunes filles, qui s'occupaient à divers ouvrages, sont distraites par l'intérêt que leur inspire cet enfant.

3.

Une femme se jette aux genoux de la supérieure d'un couvent, et lui dit : *J'ai fait un si mauvais usage de ma volonté, que je viens la remettre entre vos mains pour ne la reprendre jamais.*

(1) Voir, pour l'explication des ÉNIGMES HISTORIQUES, l'*Histoire universelle en tableaux*, par Mlle Gombault, in-18, 3 fr. 50 c., rue de Lille, 19.

4.

Un roi de France a l'épée au côté, une cape sur
les épaules , une petite toque sur la tête , un pa-
nier plein de petits chiens, pendu à son cou par un
large ruban ; un chat, qui vient de passer près de
lui le fait évanouir , tant il a d'antipathie pour
cet animal.

5.

Les habitants d'une province de la Grèce résis-
tent avec un courage incroyable, aux troupes ro-
maines ; on remarque que ces braves combattent
tous n'ayant qu'un *pied chaussé*.

6.

Un roi reçoit pour présent d'un ambassadeur
étranger un oiseau, une grenouille, une souris et
cinq flèches ; un de ses officiers lui explique le
sens de ce singulier envoi ; le roi paraît consterné
en l'écoutant.

7.

Un tableau représente les travaux du siége de
Frédéric-Hall; une balle vient de frapper, à la
tempe droite, un prince qui visitait les fortifica-
tions à la lueur des étoiles : il tombe, mais il semble

réunir toutes ses forces pour mettre la main sur la garde de son épée.

8.

Un monarque étranger visite la Sorbonne, et, voyant le mausolée d'un ministre célèbre qui *tint son roi esclave sur son trône agrandi*, il saute sur sa statue, se jette à son cou, et l'embrasse en disant : « Que n'es-tu en vie ! je te donnerais la » moitié de mon empire afin que tu m'apprisses à » gouverner l'autre. »

9.

Une jeune fille, ayant des ailes de papillon aux épaules, tient une boîte qu'elle cherche à ouvrir d'un air curieux.

10.

Sur la tour du château d'une ville célèbre du Poitou, paraît une femme en deuil. Son apparition semble être l'indice d'un grand malheur, car les habitants du château fuient épouvantés.

11.

On va noyer, dans un tonneau de vin de Malvoisie, le frère d'un roi d'Angleterre. Ce prince, condamné à mort et laissé libre sur le choix de son supplice, soit amour pour le vin, soit bizarrerie de caractère, a préféré ce singulier genre de mort.

12.

Un vice-roi de Naples est aux genoux d'un souverain qui n'a voulu se rendre prisonnier qu'à lui seul, et qui lui a remis son épée. Le Napolitain reçoit avec respect les armes du prince, lui baise la main, et lui présente une autre épée, en lui disant : *Je prie Votre Majesté d'agréer que je lui donne la mienne, qui a épargné le sang de plusieurs des vôtres. Il n'est pas convenable à un officier de l'empereur de voir un roi désarmé quoique prisonnier.*

13.

Un maréchal de camp se présente devant un roi de France, tout couvert de blessures, les yeux pleins de feu, l'épée sanglante à la main, et dans tout le désordre d'un héros qui sort du carnage. Le monarque va au-devant de lui avec précipitation, s'arrache le collier de l'ordre qu'il porte, le jette au cou du brave maréchal, et, l'embrassant avec tendresse, lui donne toutes les marques de la plus vive reconnaissance. Un duc paraît voir avec déplaisir le triomphe du général.

14.

Un roi d'Espagne, qui, pendant une bataille célèbre que ses armées livraient aux Français, avait été occupé à prier Dieu dans sa tente avec deux cordeliers, paraît au milieu de ses troupes victorieuses. Un duc de Savoie, son général, veut baiser la main du monarque, qui le retient, en lui disant : *C'est à moi à baiser les vôtres , dont une si belle victoire est l'ouvrage.*

15.

Un maréchal de France du xvie siècle, ayant été entouré de ses troupes, qui, voyant qu'on les réformait , lui demandaient d'un ton séditieux où elles trouveraient du pain, se dépouille aussitôt de tout ce qu'il a pour les soulager, et donne aux marchands qui avaient fait des avances à l'armée, la dot destinée à sa fille. Tous lui baisent les pieds, de reconnaissance. Plusieurs princes ne témoignent que de l'indifférence pour une action aussi sublime.

16.

Un roi de France était atteint d'une maladie dangereuse. Le roi d'Espagne, son oncle, ayant été quelque temps sans recevoir de ses nouvelles, ne doute pas qu'il ne soit mort, et fait assembler la *junte.* Il déclare qu'il va passer en France avec le second de ses fils, laissant la couronne d'Espagne au prince des Asturies. Il s'apprête à se

mettre en marche , lorsqu'un courrier de France
arrive, apportant au roi d'Espagne la nouvelle de
la convalescence de son royal neveu.

17.

Les Muses et les Grâces célèbrent l'arrivée au
Parnasse d'une princesse française. En la montrant, les premières semblent dire : Nous sommes
dix maintenant ; les secondes : Nous sommes
quatre.

18.

Un homme qui tient une quenouille, a son épée
attachée à un long cordon qu'il semble traîner, et
foule aux pieds les attributs de son rang ou de son
devoir qu'il trahit.

19.

Une femme échevelée , mal vêtue, est couchée
par terre ; elle dort la tête appuyée sur une main,
et tient de l'autre une horloge de sable renversée.

20.

Une femme ailée tient, d'une main une horloge
de sable, et de l'autre un coq et un éperon.

21.

Une vieille femme est couverte d'une draperie

noire ; de la main droite elle tient une coupe, et s'appuie de l'autre sur un bâton ; elle regarde d'un air triste une fosse ouverte, sur le bord de laquelle est une horloge de sable qui ne contient presque plus rien. Près d'elle est une jeune fille couronnée de fleurs, ayant une coupe d'or à la main ; elle rit en voyant un jeune enfant s'amusant avec des hochets. Sur la droite, on aperçoit un homme assis sur un lion ; il porte d'une main un livre et une bourse, de l'autre une épée et une couronne de laurier.

22.

Un roi de France, après une victoire éclatante, fait son entrée à Paris ; devant lui sont portés en triomphe les drapeaux de trois monarques qu'il a vaincus. Quatre chevaux traînent une litière ouverte, dans laquelle est enchaîné un personnage remarquable. Une foule immense entoure ce chariot, et semble faire retentir l'air d'un chant de joie.

Plusieurs personnes de distinction accompagnent le char du vainqueur. On remarque parmi eux un maréchal de France, un connétable devant lequel on porte des aigles impériales, un jeune guerrier que le monarque montre au peuple comme son libérateur, deux évêques, l'un revêtu des attributs ministériels, l'autre armé d'une massue de fer.

23.

Près de livrer une bataille, un roi dépose sa couronne sur un autel, et semble inviter les soldats à la donner au plus digne de les commander. L'armée entière paraît enthousiasmée d'une action si noble, et son attitude fait voir qu'elle ne veut que le monarque lui-même, pour la conduire au chemin de la gloire.

24.

Deux peuples, dans l'espace de huit jours, ont livré deux batailles remarquables ; et ce qu'il y a de particulier, c'est qu'elles se sont données d'un vendredi à l'autre. *La Clio* d'un de ces deux peuples écrit sur un livre noir les désastres de ces deux journées, tandis que *la Clio* de l'autre parti transcrit sur un livre d'or de brillants succès.

25.

Un ambassadeur de France en Portugal présente à une reine une plante étrangère. « Je reçois avec » plaisir votre *nicotiane*, lui dit la princesse, et je » lui prédis un grand succès ; mais ce ne sera » qu'après avoir été frappée d'anathème, qu'après » avoir provoqué la sévérité, souvent ridicule, de » quelques monarques, que son usage deviendra » universel. »

26.

Un roi de France, captif dans son propre royaume, donne, dans sa prison, des leçons de géographie à son fils. Dans ce moment, il lui explique *sous quel roi* et *dans quel siècle* chaque province a été réunie à la couronne de France.

27.

Un jeune Spartiate, destiné à monter sur le trône, ayant été placé dans une assemblée, par l'intendant des jeux, dans un endroit détourné, où il ne pouvait ni voir ni être vu, fut très-sensible à cette mortification. Il monta sur un banc et dit tout haut : *Je ferai voir un jour que la place n'honore pas l'homme, mais que c'est l'homme qui honore la place.*

28.

Des soldats enferment le corps de leur chef dans un cercueil d'or, celui-ci dans un cercueil d'argent, celui-ci encore dans un cercueil de plomb, transportent le tout dans un désert de Pannonie, y font creuser un tombeau par des esclaves, et égorgent ensuite les travailleurs, pour que le lieu de la sépulture demeure secret.

29.

Un prince étranger, suivi de sa femme, arrive à

Rome pour s'y établir. A peine est-il entré dans la ville, qu'un aigle lui enlève son chapeau, et, voltigeant avec grand bruit au-dessus du char où est assis ce prince, vient le remettre adroitement sur sa tête, et prend ensuite son essor dans les airs. L'épouse de l'étranger, habile sans doute dans la science des *Augures,* présage la royauté à son mari.

30.

Un poëte âgé, s'étant retiré dans un bois écarté de la Macédoine, pour composer plus tranquillement, est dévoré par des chiens. Un roi et plusieurs officiers arrivent au moment qu'il rend le dernier soupir.

31.

L'Aréopage s'est assemblé, à la demande de plusieurs jeunes gens qui, lassés d'attendre l'héritage de leur père, voulaient faire prononcer son interdiction, sous prétexte que sa tête était affaiblie. Le vieillard pour toute réponse, lit aux juges la tragédie qu'il vient d'achever, et les applaudissements mérités de toute l'assemblée, confondent doublement les accusateurs, puisque leur père a représenté dans son ouvrage des fils ingrats dépouillant l'auteur de leurs jours.

32.

Une femme jeune, belle, superbement parée, la

tête haute, l'air altier et dédaigneux, qui empêche les regards de se fixer sur des lambeaux qui s'échappent de dessous son riche vêtement, est montée sur un globe ; elle perd l'équilibre. Un paon est près d'elle.

33.

Une femme vieille et laide, couverte de toiles d'araignée, est appuyée sur un ours blanc, et tient un couteau et un poignard.

34.

Une femme romaine, voyant son mari enveloppé dans une conspiration, l'exhorte à prévenir le supplice qui l'attend. Le voyant irrésolu, elle se plonge un poignard dans le sein, le retire et le lui présente en disant : « *Cela ne fait pas de mal.* » Le Romain, rendu à lui-même par ce courage extraordinaire, prend le poignard, s'en frappe, et tombe près de son héroïque compagne.

35.

Une dame romaine, fille d'un grand homme, ayant appris que son mari avait été tué dans une bataille, ne voulant pas lui survivre, se fait mourir en avalant des charbons ardents.

36.

Une femme, ayant près d'elle une corbeille de

figues, est couchée sur un lit. Un guerrier paraît annoncer tristement à ceux qui l'entourent qu'elle n'existe plus. Des psylles s'approchent du lit pour exercer leur profession.

37.

Un maître d'école est reconduit à coups de verges par ses propres élèves, qu'il voulait livrer aux ennemis. Un guerrier, qui vient de punir la perfidie de cet homme, reçoit les félicitations de ses principaux officiers, qui lui prédisent que ce trait de générosité va leur ouvrir les portes de la ville assiégée.

38.

Un soldat décharge sur un vase d'un grand prix, un coup de francisque ; un roi, qui avait désiré que son armée ne comprît pas ce vase dans le partage, est irrité de cette audace, et se promet de s'en venger... Un évêque est témoin de ce différend.

39.

Un évêque, homme célèbre par sa naissance, par sa piété et par sa doctrine, baptise un grand roi, et lui adresse des paroles remarquables. La femme et la sœur de ce roi sont près de lui, et plus de trois mille Francs qui l'entourent paraissent disposés à suivre son exemple.

40.

Un monarque français , revêtu de la tunique et du manteau des patrices, est agenouillé au pied d'un autel ; aux acclamations réitérées de tout le peuple. Cette cérémonie a lieu dans une ville d'Italie.

41.

Un combat particulier s'est engagé entre trente chevaliers français et trente chevaliers anglais ; après une longue résistance, ces derniers sont vaincus. Les deux chefs ont signalé leur valeur dans ce fait d'armes ; l'un des deux a été tué dans l'action. On raconte que l'autre, blessé au milieu du combat, demanda à boire. *Bois de ton sang*, lui cria un de ses compagnons, *ta soif se passera!*

42.

Un prévôt des marchands, près d'ouvrir les portes de la ville de Paris à un méchant prince, est tué par un fidèle capitaine. Les soldats qui suivaient ce généreux citoyen massacrent une partie des partisans du prévôt, et s'assurent de l'autre.

43.

Un digne magistrat, justement renommé à cause de sa probité à soutenir les intérêts des citoyens,

vient , à la tête du parlement , trouver un roi de
France qui avait donné des édits trop onéreux au
peuple : *Sire,* dit-il au monarque, *nous venons remettre nos charges entre vos mains, et souffrir tout
ce qu'il vous plaira, plutôt que d'offenser nos cons-
ciences.* Tous les assistants sont étonnés du courage
du magistrat ; mais sa fermeté paraît avoir fait
impression sur le monarque, peu habitué à souffrir
des représentations.

44.

Des courtisans ont présenté à un prince la liste
des officiers du roi son prédécesseur ; le monarque
marque d'une croix rouge les noms de ses ennemis
les plus opiniâtres, sans déclarer autrement ses
intentions. La plupart de ces officiers sont présents ;
ils se jettent à genoux, et demandent avec instance
leur pardon. « En apposant à vos noms le sceau
» de la rédemption, leur dit le prince généreux,
» j'ai cru avoir anoncé assez clairement que tout
» était pardonné : Jésus-Christ est mort pour vous
» comme pour moi. »

45.

Un gentilhomme est amené devant un duc qu'il
voulait poignarder. Ayant avoué avec courage la
vérité, il ajoute qu'il n'a consulté, dans cette en-

treprise , que l'intérêt de la religion qu'il professe.
« Si ta religion, lui répond le duc, t'oblige d'ôter
» la vie à un homme qui, de ton aveu, ne t'a jamais
» offensé, la mienne m'ordonne de te pardonner :
» juge par là laquelle des deux est la meilleure! »
Et il commande sur-le-champ qu'on le relâche.

46.

Près de livrer une bataille, un grand général dit
à ses soldats, en faisant sonner la charge : « *Amis !*
» *souvenez-vous de Rocroi , de Fribourg et de*
» *Nordlingue ! »*

47.

Deux serviteurs assomment à coups de massue
un archevêque, au pied de l'autel de l'église de
Cantorbéry.

48.

Devant la porte du palais d'un guerrier célèbre
de l'Asie, on porte, en guise de drapeau, le drap
qui doit l'ensevelir, et celui qui tient cet étendard
crie à haute voix : *Voilà tout ce que le vainqueur
de l'Orient emporte de ses conquêtes.* Mahométans,
juifs, chrétiens, tout le monde exprime ses regrets
et son admiration pour un prince qui, voulant faire
entendre que tous les hommes sont frères, avait

laissé, par son testament, des distributions égales d'aumônes aux pauvres de toutes les religions.

49.

Une reine est attachée à la queue d'un cheval indompté, qui, la traînant sur les cailloux et dans les halliers, la déchire en mille pièces. *Un jeune monarque* assiste à cette horrible exécution qu'il a ordonnée.

50.

Un Légat du pape, après avoir passé une étole au cou d'un comte qui avait protégé les hérétiques des provinces méridionales de France, le frappe à coups de verges d'une main, et de l'autre l'entraîne vers le maître-autel pour lui donner l'absolution. Le comte, qui avait demandé humblement à se réconcilier avec le saint-siége, avait été condamné, pour expier ses torts, à se présenter en chemise à la porte de l'église, et à subir cette correction humiliante.

51.

Des députés d'*une ville de Normandie,* que les Français assiégeaient, vont demander du secours à un roi d'Angleterre, leur maître ; ils le trouvent jouant aux échecs. Il les fait attendre que sa partie soit achevée. Il la perd ; et , dans son chagrin , il leur reproche de l'avoir interrompu , puis il les congédie sans rien leur promettre.

52.

Un domestique, en voyant entrer une princesse, tourmente et bat des chiens, afin qu'avertis par les cris de ces animaux , le roi son maître et sa jeune épouse aient le temps de se cacher.

53.

Un roi se rend maître d'un château situé sur une haute montagne, où est un temple et la statue de la principale divinité des Saxons. Elle a la figure d'un guerrier armé de toutes pièces ; elle tient d'une main une rose, de l'autre une balance ; elle porte sur la poitrine un ours, et sur son bouclier la figure d'un lion. Le roi met en pièces la statue, et fait démolir le temple. Un grand nombre d'habitants, pour échapper à la mort ou à la servitude, paraissent disposer à embrasser la religion catholique.

54.

Un roi, chassant dans une forêt, est près de tuer un sanglier ; mais un de ses serviteurs, craignant que cet animal ne blesse son maître, veut lui enfoncer son épieu dans le corps. Son coup, mal dirigé, blesse le roi à la cuisse : il tombe baigné dans son sang.

55.

Un roi est dans une prison ; un barbare entre, lui présente la tête d'un empereur turc, et lui demande de le faire chevalier. Pour toute réponse, le roi détourne la vue. Pressé par le barbare, il paraît lui dire : *Fais-toi chrétien, je te ferai chevalier.*

56.

Un jeune héros est tué dans un combat, dans les gorges des Pyrénées ; les Basques, ses ennemis, en témoignent leur joie ; mais un monarque français lui donne des pleurs.

57.

Dans les plaines de *Poitiers,* un combat s'engage entre les Français et des soldats venus de l'*Afrique.* Les Français sont vainqueurs ; un d'entre eux, qui paraît être leur chef, semble leur dire : *Sans cette victoire, nous serions Sarrasins.*

58.

Un jeune élève montre, sur la carte, les pays qui composaient l'empire de Charlemagne.

59.

Une église, dans laquelle treize cents personnes se sont réfugiées, est incendiée par des armées françaises. Le roi, qui avait donné l'ordre de cette terrible exécution, se sent tout à coup pénétré d'horreur à la vue des flammes et aux cris des malheureux, que l'on entend de tous côtés.

60.

Trois jeunes princes sont menacés d'être égorgés par leurs oncles : le premier est déjà assassiné ; le second demande grâce ; mais les barbares lui enfoncent un poignard dans le cœur. On voit le troisième qui s'enfuit.

61.

Des Grecs emportent dans leur camp leur chef, blessé d'un coup de javelot qu'il a reçu en combattant avec trop d'ardeur. Ce guerrier reconnaît les amis qui l'environnent, apprend que sa blessure est mortelle, et que, si l'on tire le fer qui lui est resté dans le corps, il rendra infailliblement le dernier soupir. Il demande donc *si son bouclier est sauvé*. Ses amis en pleurs le lui montrent : il le baise comme un fidèle compagnon avec lequel il partageait sa gloire et ses exploits militaires. Il s'informe encore *si les ennemis ont été défaits.* **La** réponse se trouvant conforme à ses désirs : *Tout va bien,* dit-il, *j'ai assez vécu.*

62.

Un Romain a déposé de lui-même les faisceaux de l'empire, pour passer le reste de sa vie dans ses biens de campagne. Deux de ses amis le sollicitent de reprendre la couronne; il se contente de leur répondre : *Plût aux dieux que vous pussiez voir le potager que j'ai planté et entretenu de mes mains, à Salone ! vous jugeriez sans doute, au premier coup d'œil, que votre tentative est inutile.*

63.

Un centurion avertit un Romain illustre qu'il a l'ordre de le conduire au supplice. Le Romain jouait aux échecs ; sans s'émouvoir, il compte ceux qui lui restent, et dit à celui avec lequel il jouait : *Prenez garde de mentir après ma mort, en vous vantant de m'avoir gagné cette partie.,* Et, s'adressant au centurion : *Vous me servirez de témoin,* ajoute-t-il, *que j'ai une pièce de plus que lui.*

64.

Une femme, vêtue d'une robe de différentes couleurs, tient dans ses mains des assignations, des commandements et autres papiers de chicane ; des procureurs, des notaires, des avocats reçoivent ses ordres.

65.

Une femme vêtue de blanc tient de la main gauche une verge, et de la droite des clés ; d'un côté sont les tables de la loi et des rameaux desséchés ; de l'autre est un génie qui soutient le Nouveau-Testament.

66.

Une femme simple et modeste, vêtue de blanc, dont le maintien commande le respect, est assise sur une pierre carrée ; elle a des ailes déployées, et tient une pique, un sceptre et une couronne de laurier.

67.

Une femme, vêtue d'une robe richement brodée, tient un gâteau formé par des abeilles, et des outils, tels qu'un levier, un cric, etc. ; elle a les pieds nus, et sur sa tête une petite statue de Plutus.

68.

Une femme laide, couverte d'un voile noir, est assise sur un porc et tient un âne.

69.

Une femme simplement vêtue, et ayant un miroir sur l'estomac, tient d'une main un perroquet, et de l'autre une girouette, sur laquelle se lisent ces mots : *Elle tournera pour peu qu'il y ait du vent.* Autour de cette femme sont les arbres les plus souples, tels que le saule, l'osier, etc.

70.

Un homme dans l'âge viril, laid, maigre, à moitié couvert d'une peau de loup, embrasse étroitement une mappemonde.

71.

Un roi de France dit à un jeune prince, après l'avoir tendrement embrassé : *Si Dieu dispose de moi, je vous laisse ma couronne comme à mon légitime successeur.* Ayant fait approcher tous les courtisans, il leur commande de reconnaître le jeune prince pour leur souverain. Quelques seigneurs d'un *parti opposé* s'y refusent ; les autres le reconnaissent en mettant un genou en terre.

72.

Un roi, chassé par un peuple dont il avait tué le monarque, fut accompagné dans sa fuite par sa femme, qui supporta quelque temps les fatigues du chemin ; mais bientôt ses forces s'étant épuisées, elle pria son époux de lui donner la mort, pour qu'elle n'éprouvât pas une honteuse captivité. Le prince, que l'amour détournait d'une action si étrange, l'exhortait à prendre courage ; mais enfin, voyant qu'elle ne pouvait avancer, et vaincu par la crainte qu'elle ne devînt la proie de ses ennemis, il la perça d'un coup d'épée et la jeta dans le fleuve, pour que son corps ne tombât pas au pouvoir de ses persécuteurs. Cependant les eaux baissèrent et la déposèrent sur le sable, où elle fut trouvée par des pasteurs : ils la rappelèrent à la vie, et la portèrent à la ville d'Artaxe, d'où elle fut conduite à un roi d'Arménie, qui la reçut et la traita avec tous les égards dus à son rang.

Le moment que l'artiste a choisi, est celui où des bergers ont trouvé cette princesse, et où l'un d'eux lui met la main sur le cœur, pour voir si elle donne encore quelque signe de vie.

73.

Une salle voûtée se voit au fond d'une maison située à Paris, rue de La Harpe. Le monument est de construction romaine : on croit qu'il fut bâti par un empereur romain, vers l'an 358. La vue est supposée prise dans un siècle antérieur à celui-ci.

ce qui a motivé la restauration partielle de ce lieu.
On y voit la statue de l'empereur qui le fit bâtir,
et une grande baignoire en porphyre, un peu mu-
tilée ; à gauche, on aperçoit deux hommes, dont
un est occupé à dessiner un monument.

74.

Un roi d'Israël, abandonné de l'Eternel, fut saisi
de l'esprit malin, qui l'agitait de fureur et le tour-
mentait cruellement. Pour le soulager de ses maux,
ses officiers lui conseillèrent de faire venir près de
lui le meilleur joueur de harpe. Un jeune berger,
qui excellait sur cet instrument, fut chargé de cet
emploi ; et toutes les fois que le malin esprit tour-
mentait le roi, il savait calmer la fureur du prince
par sa douce harmonie.

75.

Le démon, pendant le sommeil de deux époux,
pénètre dans un jardin où, caché sous la figure
d'un serpent, il cherchait à corrompre l'innocence
de la femme, lorsque deux anges accourent chasser
ce méchant esprit. A leur vue, il reprend sa forme,
et menace de son sceptre ses victimes, en bravant
le ciel.

76.

Après la mort d'un prince célèbre, qui fut lâchement assassiné par un duc, sa veuve fit ériger à son mari un monument aux Célestins de Paris; chaque jour elle y venait pleurer et prier.

77.

Trois jeunes Romains demandent à leur père la permission de combattre trois ennemis de leur patrie. Leur demande leur est accordée avec joie; ils jurent de se rendre dignes d'un si grand honneur. La femme de l'aîné des trois frères, sœur de leurs ennemis, semble prévoir la perte de son mari ou de ses frères. Sa belle-sœur est appuyée sur elle, et tremble d'être privée, par ce combat, de son amant, que ses frères vont combattre. La mère des trois jeunes guerriers, qui voit le danger où ils vont être exposés, s'attendrit sur le sort des enfants de son fils aîné.

78.

Deux trompettes, placées en sentinelle sur une hauteur, signalent les premiers mouvements d'une armée nombreuse. Un roi de Sparte, assis sur un rocher, au milieu de trois cents soldats, médite avec une sorte d'attendrissement sur la mort prochaine et inévitable de ses amis.

Au-dessous de lui, dans l'ombre, est le frère de sa femme, qui, ayant déposé la couronne de fleurs qu'il portait pendant le sacrifice, va se couvrir de son casque : les yeux tournés vers son général, il attend ses ordres. Près de lui, deux jeunes gens, au son de la trompette guerrière, courent et saisissent leurs armes, suspendues aux branches d'arbres.

Le grand-prêtre, plus loin, suit un chef qui range l'armée en bataille; il paraît leur montrer le ciel.

On renvoie le bagage ; des mulets remportent les instruments qui ont servi au sacrifice; tous les autres objets ne doivent plus désormais avoir de rapport avec les Spartiates : *ils vont souper chez Pluton.* Un guerrier veut, avant le combat, transmettre à la postérité le souvenir de cette terrible et glorieuse journée : il s'élance et grave avec le pommeau de son épée, sur la roche couverte de mousse, des mots à jamais mémorables.

79.

Deux armées combattent l'une contre l'autre, quand tout-à-coup la femme d'un des chefs accourt, suivie d'une grande foule de femmes, les cheveux épars et les vêtements en désordre. Oubliant la timidité de leur sexe, elles se jettent au milieu des armées, de leurs pères, de leurs maris acharnés les uns contre les autres, et parviennent à arrêter le combat. La première des femmes s'est précipitée entre les deux chefs de l'armée; ses larmes et ses prières semblent s'adresser à son époux.

80.

Un homme, dont l'attitude exprime le chagrin, est retiré dans un coin d'une salle, au pied d'une statue, pour chercher les consolations dont son âme a besoin. Il tient à la main une lettre. Sur la droite, on voit sa femme et ses filles frémissant d'effroi et jetant des cris de douleur en voyant entrer des soldats qui apportent les corps de deux jeunes gens. A cette vue, une des deux jeunes filles se cache le visage, et sa sœur tombe évanouie.

81.

Un vieillard aveugle, assis au pied d'un arc-de-triomphe, tient entre ses bras un enfant qui lui sert de conducteur, et qui reçoit dans un casque l'aumône que lui donne une femme touchée de compassion. Le bâton du vieillard est appuyé sur une pierre où sont tracés des mots latins.

82.

Dans une salle de bain d'un style grec, richement décorée, un jeune homme, coiffé d'un

3

bonnet phrygien et légèrement vêtu d'un manteau, est assis près d'une femme de la plus grande beauté, qui, les yeux baissés, semble occupée d'un triste souvenir. Le jeune homme dépose sa lyre, et semble ne s'occuper que d'elle : il la regarde avec tendresse. Ses armes sont suspendues à la statue de Vénus.

83.

Un homme assis sur un lit, dans une prison, est entouré de quelques philosophes, ses amis, et de plusieurs de ses disciples, qu'il paraît entretenir sur une chose dont il est si pénétré, qu'il prend avec indifférence la coupe fatale qu'un valet lui donne en détournant la tête.

84.

Presque aux portes du jour, troublé, hors de lui-même,
Il s'arrête, il se tourne, il revoit ce qu'il aime.
C'en est fait, un coup d'œil a détruit son bonheur.

85.

Une grande armée est près de combattre, les soldats meurent de soif ; mais, aux prières d'une légion composée de chrétiens, il survient un grand orage qui procure de la pluie, tandis que la foudre et la grêle tombent sur les ennemis.

86.

Un jeune homme, ayant tué par mégarde un cerf qu'il aimait beaucoup, en eut tant de regrets, qu'il voulut se donner la mort. Un dieu, touché de la douleur de ce jeune homme, en a pitié, et le métamorphose en cyprès.

87.

Une reine, dans son palais, exécute sur son clavecin une romance touchante. Un musicien, attaché à son service en qualité de secrétaire, l'accompagne sur le téorbe.

88.

Un jeune Perse est tellement attaché au roi son maître, qu'il se laisse déchirer tout le corps à coups de fouet, couper le nez, les oreilles et les lèvres, pour remettre en son pouvoir une ville célèbre dans l'histoire.

89.

Un empereur, près de mourir, se fait apporter l'urne où l'on devait mettre ses cendres, et dit : *Tu renfermeras celui que l'univers n'a pu contenir.* Puis, faisant lire à ses enfants, dans *Salluste,* le discours que Micipsa mourant adresse à ses fils et à Jugurtha, il s'applique ces paroles : *J'ai

*laissé à mes fils un empire puissant s'ils ont de la
vertu, faible s'ils sont méchants.*

90.

Dans un bois de platanes, un jeune berger,
ayant près de lui son arc, son carquois et son
chien, est couché sur son manteau et sur une peau
de tigre. On voit près de lui voltiger Zéphire, qui
se suspend à des branches d'arbre, pour laisser
pénétrer un rayon de la lune, qui semble se fixer
sur la bouche du jeune berger.

91.

Une traîtresse voix bien souvent vous appelle ;
   Ne vous pressez donc nullement.
Ce n'était pas un sot, non, non, et croyez-m'en,
   Que *le chien de Jean de Nivelle.*

92.

On voit dans ce tableau un prince étranger visitant l'église de Saint-Denis, avec un roi de France
qui est accompagné de son beau-frère. Le roi de
France fait arrêter son cortége devant le tombeau
de son prédécesseur, qui est surmonté de drapeaux pris sur les Vénitiens.

93.

Un jeune Troyen fait le récit de ses aventures à
une reine qui, couchée sur un lit de repos, sem-

ble l'écouter avec intérêt. L'Amour, qui s'est caché sous la figure du prince troyen, tient un des bras de la reine, et lui ôte du doigt son anneau nuptial, pour marquer ses progrès dans le cœur de cette princesse, qui commence à oublier la fidélité qu'elle avait jurée aux mânes de son époux. A droite est sa sœur, qui regarde attentivement l'Amour, et semble s'étonner de trouver dans la figure de cet enfant quelque chose de surnaturel. La déesse de l'histoire paraît s'étonner de voir réunis la reine et le prince troyen.

94.

Une femme, tenant un poignard à la main, s'approche pour donner la mort à son mari, qui, revenant d'une longue guerre, paraît plongé dans le sommeil. Cependant, près de frapper son époux, elle s'arrête, elle recule ; mais son amant, impatient de voir expirer sa victime, la soutient, la pousse vers le lit conjugal, où le crime va s'achever.

95.

Un prince vient, au nom des Grecs, demander à un roi d'Épire la mort d'un jeune enfant, fils d'un roi leur ancien ennemi. Avertie du péril que court cet enfant, sa mère se jette en larmes et suppliante aux pieds du roi, qui, déjà subjugué par elle, se déclare le protecteur de la mère et du fils. **Une femme s'éloigne, la fureur dans les yeux.**

96.

Suivi de sa femme et de ses enfants, un homme, fuyant les auteur de ses jours, se trouve arrêté au bord d'un précipice. Le tonnerre, qui éclate au-dessus de sa tête, réveille ses remords et le remplit d'épouvante. Celui qui l'a poussé à commettre le crime qu'il déplore, s'attache à ses pas sous la figure d'un serpent. Sa massue ensanglantée rappelle son crime. Ses enfants pleurent dans les bras de leur mère, qui s'évanouit de fatigue et de douleur, en implorant la clémence divine.

97.

Un jeune homme est tombé de son char, et il est étendu sur la terre ; une jeune personne arrive, et le voyant mort, elle tombe à ses pieds. Sa confidente, qui est auprès d'elle, tâche de la rappeler à la vie.

98.

Ce tableau représente une reine de France qui, ayant auprès d'elle un de ses premiers ministres, fait amener le jeune prince son fils, que comble de caresses ce grand seigneur. **La tristesse est peinte sur leur visage.**

99.

Un homme, en mourant, légua par testament sa fille à son ami, pour la marier avec une aussi grosse dot qu'il pourrait lui donner; et sa mère à un autre de ses amis, pour la nourrir et en avoir soin dans sa vieillesse; entendant que, si l'un ou l'autre venait à mourir, le legs revînt au survivant.

100.

Paris est, pour un riche, un pays de COCAGNE.

101.

Dans un détroit se voient deux écueils opposés et redoutables. L'un est un gouffre vaste et profond, dans lequel la mer s'enfonce en tournoyant avec une grande rapidité; l'autre est un rocher menaçant, au pied duquel sont plusieurs autres rochers et des cavernes souterraines où les flots se précipitent. Un vaisseau paraît près de s'abîmer dans le gouffre; un autre se brise contre le rocher.

102.

Une reine de France, assise sur le trône, tient dans ses bras le jeune roi son fils. A sa gauche est le maire du palais. Cette reine caresse et semble consoler un enfant que lui présente sa mère.

D'autres enfants, dont la reine brise les chaînes, se jettent à ses pieds pour lui témoigner leur reconnaissance. Au fond, on aperçoit un garde qui cherche à pénétrer pour voir de plus près ce touchant spectacle.

103.

Un philosophe a été jeté dans les prisons de l'Inquisition, pour avoir dit que la terre tourne autour du soleil ; il a tracé sur le pilier de son cachot la figure de son système astronomique ; et, plus convaincu que jamais de son incontestable vérité, il semble dire : *Ils me persécutent, et cependant elle tourne !*

104.

Une femme, désolée de l'indocilité de son fils, est près de le punir, lorsqu'elle en est détournée par une religieuse de ses amies, qui, savante dans l'art de la divination, fait approcher l'enfant et prédit à sa mère qu'il sera le plus grand personnage de son siècle. « *Au lieu de vous plaindre,* dit-» elle, *d'être la mère d'un tel fils, remerciez Dieu* » *de vous l'avoir donné, car il relèvera bien haut* » *la gloire de votre famille.* »

105.

Une reine qui venait d'épouser en secondes noces un homme accusé de meurtre, eut à se défendre contre une conspiration qui s'éleva contre elle ; mais elle fut faite prisonnière et conduite dans un château. Par ses charmes et ses promesses, elle engagea un jeune gentilhomme à lui procurer les moyens de sortir de prison : il y réussit, et la reconduisit au village dans un petit bateau qu'il manœuvra lui-même.

106.

On voit la basilique de l'église Saint-Pierre, à Rome, pendant la fête de cet apôtre. Des ornements pontificaux revêtent sa statue de bronze, qui, dit-on, fut originairement celle d'un Jupiter antique. On remarque parmi les personnes qui assistent à cette cérémonie un fameux statuaire moderne.

107.

Les consuls romains siégent sur leur tribunal ; on amène devant eux plusieurs jeunes gens coupables d'une conspiration contre la patrie. Parmi eux se trouvent les deux fils d'un des consuls. Ce père infortuné se voit forcé de juger ses enfants ; et, plus sévère que tout le peuple, il prononce leur sentence et les voit tomber sous la hache des licteurs.

108.

Un fameux poète italien, nommé gouverneur

d'une ville, s'y rendait, lorsqu'il se trouve arrêté en chemin par une troupe de brigands : ils se disposent à lui enlever tout son bagage, lorsqu'il est reconnu par l'un d'eux. A son nom , on les voit tous rendre les objets volés, et se prosterner devant lui , en témoignant , par leurs transports , le respect, l'admiration et le plaisir qu'ils éprouvent en voyant un écrivain si célèbre.

109.

Un jeune prince anglais, forcé de renoncer à ses droits au trône, couvert de haillons, privé du nécessaire , est obligé de se présenter chez un seigneur qu'il sait être son ennemi. » Vous voyez, lui » dit-il en l'abordant, le fils de vos rois ; il vient » vous demander le pain qu'on ne refuse pas au » dernier des malheureux. Il passe la nuit sans « sommeil et les jours sans nourriture, chassé sur » les montagnes, poursuivi dans les vallées, grim- » pant de rocher en rocher , nageant de rivage en » rivage ; telles sont les souffrances de celui qui a » été assez malheureux pour naître près du trône.» Le seigneur attendri le secourt , et promet de ne point le trahir.

110.

Une femme , ayant rassemblé dans le pan de sa robe les restes précieux d'un des grands hommes

d'Athènes, dont le corps avait été privé de sépulture, les porte dans sa maison, et les enterre près
de l'autel de ses dieux. Le plus jeune de ses fils
témoigne sa surprise et son indignation au récit
que lui fait son père des vertus de ce grand homme,
et de l'ingratitude de ses concitoyens.

111.

Un prélat, représenté dans ses habits pontificaux, donne la communion à des pestiférés.

112.

Dans un site sauvage, éclairé par la lune, un
criminel fuit, le poignard à la main, emportant les
dépouilles et la bourse d'un jeune homme qu'il
vient de frapper, et qu'il laisse mourant sur la
place et baigné dans son sang. Mais deux divinités
poursuivent le coupable ; l'une porte la balance
et le glaive, l'autre est armé du flambeau de la
vérité.

113.

Un centaure, dans une forêt, apprend à un jeune
homme à tirer de l'arc.

114.

Un empereur d'Allemagne avait obtenu d'un roi
de France la permission de passer dans son royaume
pour aller à Gand. Le roi français avait été son

prisonnier ; cela ne l'empêcha pas de recevoir son ancien ennemi avec les plus grands honneurs. Cependant il est pressé par quelques personnes, et particulièrement par une de ses maîtresses, de tirer vengeance de l'empereur. Celui-ci l'apprend, et laisse tomber aux pieds de la dame un diamant d'un grand prix. Lorsqu'elle voulut le lui rendre, il lui dit : « Non, Madame, il est tombé en de trop « belles mains pour le reprendre. » Le roi de France ne s'aperçoit pas de l'artifice de l'empereur. Le bouffon de la cour ose lui montrer la liste des fous, sur laquelle il vient d'inscrire le nom de l'empereur, assez fou pour traverser la France. *Mais, dit le roi, si je le laisse passer, que feras-tu? — J'effacerai son nom et j'y mettrai le vôtre.* Un grand seigneur paraît outré de cette hardiesse.

115.

Un chevalier français est couché sur un lit très-riche ; deux jeunes personnes, près de lui, sont occupées à chanter et à jouer du luth. Leur mère les écoute. Un serviteur du chevalier a les yeux fixés sur ce héros. A droite sont les armes du chevalier et un étendard pris sur les ennemis.

116.

Une duchesse d'une des premières familles de France, ayant perdu son mari, qui avait été déca-

pité, se retira dans un couvent, où elle lui fit élever
un riche mausolée. Elle est représentée près d'un
prie-Dieu, tenant son mouchoir à la main ; et
montrant à un des pages du cardinal, qui l'en-
voyait saluer, le tombeau du duc, elle lui dit :
*Dites à son Éminence que vous m'avez trouvée
pleurant encore, après dix ans, sur le tombeau
de mon époux.*

117.

Un empereur d'Allemagne, assiégant une ville
de Bavière, permet aux femmes d'emporter ce
qu'elles ont de plus précieux ; aussitôt on les voit
sortir de la ville, portant chacune leur mari sur
leurs épaules.

118.

Au milieu de la mer, au moment d'une violente
tempête, dans une barque près d'être engloutie
sous les vagues, un célèbre peintre de marine,
sans s'effrayer des cris des matelots, qui croient
toucher à leur dernier moment, s'est fait attacher
au mât, afin de n'être point ballotté : il cherche à
rendre avec son crayon le spectacle qui s'offre
devant lui.

119.

Un peintre célèbre fut toujours persécuté par la
jalousie de ses contemporains ; ce ne fut que dans

le monastère des Chartreux, où il fut obligé de se retirer, et où il peignit la vie de saint Bruno, fondateur de cet ordre, qu'il trouva une tranquillité de courte durée. En effet, il tomba malade, et mourut à l'âge de trente-huit ans, dans les bras de ces religieux. Un de ses frères, le militaire, appuyé sur la table, assiste à ses derniers moments.

120.

La fièvre jaune s'étant déclarée en Espagne, des médecins français sollicitèrent et obtinrent la périlleuse mission d'aller secourir les malades. Le plus jeune d'entre eux, s'étant transporté dans une maison particulière, est frappé par la contagion, et, rappelant ses forces défaillantes, il observe encore sur un pestiféré les progrès d'un mal, auquel il succomba lui-même quelques jours après, âgé de vingt-sept ans.

Des sœurs de l'ordre de Sainte-Camille partagèrent le zèle et le dévoûment des médecins.

121.

Une prison s'ouvre, et des débiteurs se précipitent en foule aux pieds d'une reine de France, à laquelle ils rendent grâces de la liberté et de la vie qu'elle vient de leur sauver.

122.

Un roi voulant convaincre un jeune ambitieux

de la fausseté de l'idée qu'il se faisait de la royauté, lui propose de se mettre quelque temps à sa place. L'offre est acceptée : le jeune homme, revêtu de la pourpre royale, entouré de la magnificence du souverain, assis à une table somptueuse, nage dans la joie et se croit heureux ; mais, en levant les yeux, il aperçoit au-dessus de sa tête une épée nue qui ne tient au plafond que par un crin de cheval : à l'instant tout disparaît ; son danger seul l'occupe, et, pénétré de frayeur, il demande qu'on le laisse aller, et déclare qu'il ne veut plus être heureux.

123.

Un roi s'amuse à faire des horloges de sable ; et, ne pouvant réussir à en mettre deux d'accord, il semble exprimer une pensée philosophique.

124.

Un tableau représente une assemblée de dieux ; une déesse et un dieu paraissent les avoir faits juges d'un différend : la première montre un olivier qu'elle vient de produire, l'autre un cheval qu'il a fait sortir de terre.

125.

Un tableau représente une reine se débattant avec des chats. Un tableau est placé sur le second

plan : un jeune prince verse des larmes en voyant
sa mère réduite à cette extrémité.

126.

Un seigneur français, faisant le siége d'une ville,
reçoit fort mal le fils d'un roi, qui vient, au nom
de son père, lui ordonner de quitter le siége. Le
vassal orgueilleux répond avec fierté.

127.

Une reine d'Angleterre, accusée faussement par
son mari de trahison ou d'infidélité, et condamnée
à perdre la vie, écrit au roi ces mots : *Vous m'avez
toujours élevée : de simple demoiselle, vous m'avez
faite marquise ; de marquise, reine ; et de reine,
vous voulez me faire sainte.*

128.

Un roi de France décharge en l'air les pistolets
d'un capitaine, en lui disant : *Vous avez résolu de
m'assassiner, je le sais ; votre vie est entre mes
mains ; voilà ma vengeance.*

129.

Un roi, près de partir pour aller combattre les
Anglais, fait lire à une charmante femme qu'il paraît aimer beaucoup, ces vers, qu'il vient de tracer
avec la pointe de son épée :

Gente***, qui tant loin m'évance,
Dans le mein cuer démorera
Plus que l'Anglais en nostre France.

130.

Un poète comique lit un de ses ouvrages à sa servante.

131.

Un jeune homme, monté sur un cheval ailé, pétrifie un monstre en lui montrant une tête , et délivre une jeune fille enchaînée sur un rocher pour être dévorée.

132.

Avant de quitter une province, un prince visite sa nourrice , et lui faisant ses adieux , il écrit sur une pierre, à la porte de la maison : *Asiont *** quei est neourrit :* Ici *** a été nourri.

133.

Un prince part de Sparte avec sa jeune épouse ; son beau-père suit son char, et semble supplier sa fille de rester auprès de lui. Le prince , importuné de ces instances, laisse son épouse maîtresse de le suivre ou de retourner avec son père ; elle ne répond qu'en se couvrant le visage de son voile.

134.

Un tableau représente une terrasse au haut d'une

tour, qui est flanquée de quatre tourelles jointes par d'étroites terrasses bordées de créneaux élevés, sur l'un desquels un roi de France est appuyé en méditant. Près de lui est un livre de piété et une relation de la mort d'un roi d'Angleterre décapité.

135.

Un peintre français, dans une des prisons de Rome, trace avec du charbon, sur la muraille, l'image de la Vierge tenant son enfant. L'apparition inattendue de cette image fait la plus grande impression sur les prisonniers, qui expriment, par leurs attitudes, leur admiration pour l'artiste et leur vénération pour la mère de Dieu.

136.

Un roi, avant d'accomplir un vœu qu'il avait fait dans une maladie longue et dangereuse, va à Saint-Denis, accompagné de ses frères, de plusieurs prélats et de toutes les personnes de la cour, pour y recevoir l'oriflamme des mains du cardinal-légat, et le bourdon avec l'escarcelle des mains de l'abbé de Saint-Denis. Sa mère, sa femme et deux enfants l'accompagnent dans cette auguste cérémonie.

137.

Une femme, montée dans une barque qu'elle

conduit pour chercher les restes de son époux, se sent entraînée par l'effort du vent qui enfle son voile; elle s'appuie sur sa rame, en fait un gouvernail, et la nacelle vole sur les eaux. Surprise de ce phénomène, elle lève les yeux au ciel pour remercier les dieux. Elle semble désirer de hâter son arrivée pour raconter son aventure, et donner l'idée des voiles aux vaisseaux.

138.

Un prince, faisant son entrée dans une petite ville, est harangué par le bailli à la tête des échevins. Un âne qui se met à braire interrompant le discours, le prince s'écrie : *Messieurs, parlez, je vous prie, l'un après l'autre.*

139.

Un intendant, sous le prétexte de découvrir à un empereur romain une conjuration tramée contre sa personne, lui donne un mémoire qui en contient les détails; pendant que l'empereur lit avec beaucoup d'attention, l'intendant tire un poignard et le lui enfonce dans le corps. Un romain, témoin de cet assassinat, semble s'écrier : *Un tyran de moins.*

140.

Un homme qui vient de haranguer le peuple

porte la main à sa tête, signe dont il était convenu avec ses amis pour leur demander du secours ; mais il se trouve tout à coup assailli par une foule de gens armés de bâtons, à la tête desquels est un homme de sa famille. Il succombe assommé avec les siens.

141.

Un roi, seul dans sa tente avec son ministre, présente une épée à son fils, lui adressant ces paroles : *Si vous êtes résolu d'être le meurtrier de votre père, exécutez ici votre dessein ; ou, si vous n'osez vous-même répandre mon sang, ordonnez au préfet du prétoire de le faire : vous êtes son souverain, il vous obéira.* Le jeune prince, en écoutant son père, demeure consterné ; cependant ses traits ne portent pas l'empreinte d'un véritable repentir.

142.

Un roi de Macédoine, après une victoire célèbre, insulte aux mourants et aux prisonniers, et met en chant les premiers mots d'un décret qu'un orateur, son ennemi, avait porté contre lui. Un autre orateur, que le roi avait gagné, indigné de cette conduite, ose dire à ce prince : *La Fortune t'a donné le rôle d'Agamemnon, et tu joues celui de Thersite.*

143.

Des envieux et des calomniateurs étaient parve-
nus à altérer l'*amitié* qui existait entre un roi et
un ministre ; mais le roi, n'ayant pu ajouter foi
longtemps à ces faux rapports, rendit toute sa confiance à son conseiller fidèle. Le peintre les a représentés au moment d'une explication, à la vue
de toute la cour, dans l'allée d'un jardin. Le ministre, emporté par sa reconnaissance, est près de
se jeter aux pieds du monarque généreux. *Ne le
faites pas,* lui dit le roi, qui le prend promptement
par le bras, *ceux qui vous regardent croiraient
que vous me demandez grâce.*

144.

Un jeune enfant est sur une table ; une flèche,
lancée par un monarque, vient de lui percer le
cœur. Le père de l'enfant, ministre du roi, est témoin de cette scène, et, sur la question que le roi
semble lui faire au sujet de son talent à bien tirer,
le cruel ministre lui répond : *Apollon lui-même
n'aurait pas mieux visé.*

145.

Le tableau représente un mausolée au pied duquel pleure une femme ; plus loin, un homme, qui
vient d'apprendre la mort d'un roi, se livre à la

joie la plus immodérée, et se couronne d'une guirlande.

146.

Les Romains s'emparent d'une ville ; ils mettent le feu aux maisons ; ils passent au fil de l'épée ce qui lui résiste. Le chef des ennemis vient lâchement demander la vie au jeune vainqueur. Sa femme, plus courageuse, l'accable de reproches, poignarde ses enfants, et se précipite dans les flammes. La ville est abandonnée au pillage. Un Romain, à la lueur des flammes, écrit les exploits de cette journée mémorable.

147.

Un Scythe aiguise un fer pour écorcher un joueur de flûte qui a eu la hardiesse de faire à un dieu un défi qui fut accepté, à condition que le vaincu serait à la discrétion du vainqueur.

148.

Dans le jardin des Tuileries se voit un groupe de deux enfants : le plus grand semble jouer avec un cygne ; l'autre tient une écrevisse.

149.

Un dieu est couché sur un socle dont le plan représente des ondes ; sa tête majestueuse a les cheveux de côté un peu relevés, et une couronne de feuilles et de fruits. Il appuie le coude gauche sur un sphynx : il tient dans la main une grande corne d'abondance , d'où sortent des épis , des raisins, des roses sauvages, des fruits de colocase. On voit au milieu s'élever un soc ; le dieu a sa main droite jetée négligemment sur les flancs, de laquelle il tient un faisceau d'épis ; son visage est serein : il annonce un dieu propice et bienfaisant. On voit groupés autour de lui seize enfants : les uns s'amusent à faire combattre un crocodile et un ichneumon; d'autres s'entr'aident pour monter sur la corne d'abondance.

150.

Un vieillard , à moitié nu , est assis au pied de plusieurs hautes montagnes ; de la main gauche il s'appuie sur un vaisseau, et de la droite il tient une corne d'où il sort de l'eau.

151.

Un enfant montre à son père les médailles des six rois de France qui ont été faits prisonniers ; plus loin , sa sœur examine celles des quatre rois qui ont été assassinés.

152.

On montre, dans le château de Loches , deux cages de fer de huit pieds carrés, dans lesquelles furent renfermés séparément, **un cardinal et un évêque du xvᵉ siècle.**

153.

Pendant que les Barbares, maîtres d'une ville célèbre, assiégent une forteresse, et sont attentifs à ôter à l'ennemi tout moyen de pouvoir s'évader, un jeune homme attire sur lui l'admiration des siens et des Barbares. Le sacrifice d'un *mont* était héréditairement attaché à sa famille. Le courageux Romain descend de la forteresse pour s'en acquitter, portant dans ses mains les offrandes sacrées, et, passant au milieu des ennemis, sans être ébranlé ni de leurs cris ni de leurs menaces, il arrive au *mont*. Il y offre solennellement le sacrifice, et reprend le chemin par lequel il était venu, avec la même constance et la même tranquillité, plein d'une sainte confiance que les dieux, dont il n'avait pas abandonné le culte au péril de sa vie, lui seraient certainement propices. En effet, sa dévotion échappe à la fureur des ennemis étonnés, et il rejoint les siens sain et sauf, jusque dans la forteresse.

154.

Un philosophe, indigné du peu d'attention que ses disciples portent à ses leçons, les congédie tous; un seul voulant opiniâtrément rester, il le frappe du bâton qu'il portait ordinairement. *Frappe*, dit le disciple obstiné au philosophe, *frappe, si c'est ton bon plaisir, je te présenterai ma tête; mais tu ne trouveras jamais de bâton assez dur pour me chasser de ton école.*

155.

Un monarque paraît au milieu de sa cour, vêtu comme on représente Jupiter; on se prosterne devant lui à la manière des peuples de l'Orient : un philosophe seul dédaigne de s'humilier, et reste debout.

156.

Un philosophe nouvellement débarqué à Rome, ayant aperçu un empereur romain qui sortait de son palais avec l'équipage d'un écolier, prend la liberté de lui demander où il va et pour quelle affaire. *Il est honorable*, lui répond l'empereur, *même à un vieillard, de s'instruire, et c'est dans cette intention que je vais chez le philosophe Sextus, pour apprendre de lui ce que je ne sais pas encore.* Le philosophe s'écrie, en levant les mains au ciel : *O Jupiter! un empereur romain dont la tête blanchit déjà, va à l'école comme un enfant, ses tablettes pendues à son côté!*

157.

Un vieillard est vêtu d'une robe de couleur

brune, et porte une ceinture où sont les signes des jumeaux, de la balance et du verseau. Une étoile brille sur sa tête, et 'une bandelette lui serre la bouche ; de la main droite il semble indiquer la partie du ciel où le soleil se couche ; et de la gauche il tient des pavots. Des chauves-souris voltigent autour de lui ; l'ombre de la figure paraît s'allonger, et l'air s'obscurcit.

158.

Placés sous un échafaud, la tête nue, les mains jointes et vêtus de blanc, des enfants sont arrosés du sang d'un duc, leur père, auquel on vient de trancher la tête, d'après l'ordre barbare d'un roi de France.

159.

Près de livrer une bataille, un roi parcourt les rangs de son armée, et montrant aux soldats son casque surmonté d'un panache blanc, il leur dit avec gaîté : *Enfants, si les cornettes vous manquent, voici le signal du ralliement : vous le trouverez toujours au chemin de la victoire et de l'honneur !*

160.

Une femme répond à la déclaration inconvenante que lui fait un roi de France : *Je suis trop pauvre pour être votre femme, et de trop bonne maison pour manquer à l'honneur !*

161.

Une femme vêtue de noir, tenant l'épée d'une main et le flambeau de l'autre, met le feu à un village de Normandie, presse le carnage, et fixe ses regards sur toutes les horreurs d'une guerre qu'elle a déclarée *à la France entière*. Près d'elle est son fils, qu'elle excite à se signaler par ses exploits, en lui criant : *Venge ton père !*

162.

Un peintre a représenté un enfant d'une rare beauté, au teint vermeil, aux cheveux blonds comme l'or, ayant sur le haut de la tête une étoile brillante. Son habillement est rouge et semé de perles fines ; sa ceinture est bleue, et l'on y voit les signes du bélier, du lion, et du sagittaire. Il porte de la main droite un bouquet de fleurs qui commencent à s'épanouir, et de la gauche un vase plein de feu, d'où s'exhalent des parfums. D'un côté, le soleil semble sortir de terre et darder ses rayons de toutes parts ; de l'autre, les oiseaux voltigent sur des arbustes en fleurs, et paraissent saluer le père du jour et de la vie.

163.

Un monarque, célèbre par ses exploits, et qui

donna son nom à l'un des siècles qui précédèrent Jésus-Christ, malgré les approches de la nuit et le voisinage des ennemis, s'est écarté de son armée, pour encourager par ses discours et soutenir de son bras son maître, vieillard courageux qui avait voulu suivre son élève. Ils passent tous deux la nuit au milieu des ténèbres, de la neige, et dans des endroits escarpés.

164.

Un grec célèbre, ayant appris que son maître, voyant son ingratitude, avait résolu de se laisser mourir, vole sur-le-champ chez lui. Il le trouve au lit, enveloppé de son manteau et pénétré de douleur. Le jeune Grec emploie les prières et les larmes pour l'engager à continuer à vivre, et à ne lui point enlever sitôt un sage et fidèle conseiller dans le gouvernement de la république. A ces paroles, le philosophe rejetant son manteau qui lui couvrait le visage, s'écrie : *O jeune homme ! ceux qui ont besoin d'une lampe ont soin de la fournir d'huile !*

165.

Un jeune Romain présente à son père les dépouilles d'un ennemi qu'il a vaincu. *Afin de convaincre tout l'univers que je suis votre fils*, lui dit-il en l'abordant, *j'ai accepté le défi que m'a fait mon ennemi, et, l'ayant tué, voilà ses armes que j'ai apportées pour preuve de ma victoire.* Le consul, entendant ce discours, et préférant les intérêts de la république à la tendresse paternelle, dit, en jetant des yeux irrités sur son fils : *Puisque, sans respecter ni l'autorité consulaire ni la puissance paternelle, vous avez combattu contre l'ennemi, et que vous avez violé autant qu'il a été en vous la discipline militaire, dont l'exacte observance a maintenu jusqu'à ce jour l'empire romain, il est plus à propos que vous soyez puni de votre faute que d'en faire souffrir la république, si elle restait impunie. Licteurs, attachez-le au poteau !...*

Tous les soldats sont glacés d'épouvante en entendant un ordre si cruel.

166.

Un roi, près de mourir, fait apporter un paquet de dards, et le donne tel qu'il est à ses quatre enfants, pour qu'ils le rompent. Chacun en particulier, après l'avoir essayé, avoue qu'il ne peut en venir à bout. Le roi le prend à son tour, délie le paquet, et brise chaque dard l'un après l'autre. — Morale.

167.

Tout un peuple entoure un homme monté sur la tribune aux harangues, et semble attendre avec impatience ce qu'il va dire, lui qui se présente en

4.

public pour la première fois. *Athéniens*, dit l'orateur, *j'ai un champ où a poussé un figuier qui a déjà servi de potence à plusieurs de nos concitoyens. Comme je vais l'arracher pour faire bâtir, je vous en donne avis, afin que si quelqu'un d'entre vous a dessein de se pendre, il se dépêche de le faire.*

168.

Pour la première fois, un roi de France a convoqué les représentants des trois ordres de l'Etat ; ils sont assemblés dans la nef de l'église de Notre-Dame, où un chancelier leur expose les prétentions injurieuses du pontife, et demande leur avis. Un secrétaire écrit sur un grand registre l'époque de la convocation des premiers états-généraux.

169.

Sur la grande place d'une ville d'Auvergne, un moine, monté sur une tribune, prêche avec une éloquence si entraînante, que toute l'assemblée s'écrie avec enthousiasme : *Dieu le veut ! Dieu le veut !* et se précipite autour de la tribune, pour recevoir des mains du prédicateur une croix d'étoffe rouge.

170.

Au moment où l'on conduit le corps d'un roi dans l'abbaye de Saint-Etienne à Caen, qu'il avait fon-

dée et où il avait voulu être enterré, un bourgeois
de cette ville fend la foule, étend la main sur le
cercueil et crie : *Haro!* A ce mot, les bourgeois
s'arment et viennent lui prêter main-forte. Les
magistrats écoutent avec attention la réclamation
du bourgeois.

171.

Le lundi de Pâques, dans une ville de Sicile, il
se fait un massacre général d'un peuple étranger.
Deux hommes seuls échappent en faveur de leurs
vertus à cet horrible carnage! La muse de l'histoire écrit sur ses feuillets noirs l'époque d'un
évènement si tragique.

172.

Un roi s'élance dans une arène l'épée à la main,
la plonge dans la gorge d'un lion, et, la levant
ensuite sur le cou d'un taureau, il lui abat la tête.
Ensuite, promenant ses regards sur ceux qui avaient
paru jusqu'alors le mépriser : *Apprenez,* leur dit-
il, *que le courage ne se mesure point à la taille, et
que David, qui n'était pas plus grand que moi, ter-
rassa le géant Goliath!* Les grands baissent tous
les yeux.

173.

Un jeune Maure, de moyenne taille, est environné

des rayons du soleil qui frappe à plomb sur sa tête ; son habillement est d'un rouge jaunâtre ; il porte une ceinture bleu turquin, où se remarquent les signes du taureau, de la vierge et du capricorne. Il tient de la main droite des flèches, et de la gauche un rameau de lotus. A ses pieds sont des fleurs desséchées par les rayons du soleil.

174.

Une reine se dépouille des ornements de la royauté ; elle prend le voile dans le monastère de Chelles, malgré la désolation de ses sujets, qui emploient les plus vives instances pour la retenir. Les rois de Neustrie et de Bourgogne, celui d'Austrasie, ses fils, joignent leurs prières à celles du peuple. Un maire du palais cherche à cacher la satisfaction qu'il éprouve.

175.

Un monarque, surpris dans la forêt de Livry par des seigneurs qu'il avait humiliés, est poignardé avec la reine son épouse et l'aîné de ses enfants. Le seigneur qui avait frappé le monarque s'était écrié : *Souviens-toi du poteau et des verges.*

176.

En présence d'un ministre cruel, on lapide un

comte de France, et l'on coupe la langue et les lèvres à un évêque, son frère. De plus, on déchire à ce dernier la plante des pieds, et, après l'avoir longtemps tourmenté, on lui tranche la tête.

177.

Un archevêque de Reims, assisté de quelques prélats, condamne un empereur à une pénitence humiliante. Prosterné sur un cilice, le monarque confesse à haute voix les désordres de sa conduite: on le dépouille ensuite des ornements impériaux, pour le couvrir d'un sac de pénitent.

178.

Dans une rue du faubourg Saint-Marceau, un cochon se jette entre les jambes d'un cheval que montait le fils d'un roi de France ; le cheval tombe et entraîne avec lui son cavalier, qui meurt de cette chute. Le monarque lui porte des secours inutiles.

179.

Un empereur malade est entouré de sa cour; se sentant arrivé à ses derniers moments , il se fait lever sur son lit, en disant : *Il faut qu'un empereur meure debout.* Ses deux fils sont près de lui : l'un est baigné de larmes en voyant l'empereur expirer ; l'autre s'amuse *à tuer des mouches.*

180.

Des Français, pris au dépourvu par des Turcs, sont accablés par le nombre, perdent leurs rangs, et se sauvent, favorisés par la nuit. Le roi de France, abandonné par les siens, monte sur un gros arbre, où il se défend longtemps sans être connu des infidèles.

181.

Un chef de barbares, entouré de quelques soldats, paraît imposer des lois à ceux qu'il a vaincus. Un de ses principaux ennemis lui apporte une grande quantité d'or, qu'il fait peser ; mais il se plaint que les barbares se servent de fausses balances. Pour toute réponse, les vainqueurs s'écrient : *Malheur aux vaincus !* A peine ces mots sont-ils prononcés, qu'un dictateur se présente, rompt le marché et s'écrie : *C'est le fer et non l'or qui doit racheter un peuple comme le nôtre !*

182.

Un jeune Israélite s'éloigne un peu de son père avec lequel il voyage, et, apercevant un jeune lion qui s'avance vers lui en rugissant, il l'attend, le saisit d'un bras vigoureux, et le déchire comme si c'eût été un chevreau.

183.

Un jeune enfant, dans un berceau , est exposé au bord de la mer ; la fille du roi de la contrée , suivie de ses femmes, vient se promener de ce côté, et, charmée de la beauté de l'enfant, elle s'y intéresse, l'emporte avec elle et le fait élever.

184.

Une femme israélite erre dans un désert ; elle est avec son fils qui, ne pouvant supporter plus longtemps la soif qui le tourmente, est près d'expirer ; mais un ange lui apparaît, et calme le désespoir qui l'accable en lui indiquant un puits d'eau fraîche ; elle y court aussitôt, et rend la vie à son fils.

185.

Un jeune général hébreu s'avance avec ses troupes contre les Philistins. Parmi ceux-ci , on remarque un homme d'une grandeur démesurée. Cependant cela ne décourage pas le jeune héros, qui le provoque en un combat singulier, et le tue.

186.

Un Romain , de naissance patricienne, réclame comme lui appartenant une fille d'une grande beauté ; mais le père de la jeune Romaine, pour lui sauver l'honneur , lui enfonce un couteau dans

le sein, et le montrant tout ensanglanté au ravis-
seur de sa fille, il lui dit : *C'est par ce sang que je
dévoue ta tête aux dieux infernaux.*

187.

Une impératrice romaine monte dans un vaisseau ; mais à peine y est-elle entrée, que les plan-
ches s'entr'ouvrent ; tandis que les gens de sa suite
périssent, elle parvient cependant à gagner le
rivage. Un empereur, qui regarde du haut d'une
tour, paraît consterné.

188.

Un grand roi, ennemi des Romains, est retiré
dans un château près du Bosphore. Là, son fils,
ayant soulevé une armée contre lui, vient pour
l'attaquer ; mais voyant qu'il faut se rendre à ses
ennemis, ce prince préfère se donner la mort :
après avoir vainement essayé plusieurs poisons, il
se perce de son épée.

189.

Voyez ce défilé, fameux dans l'univers,
Encore resplendissant d'un sublime revers ;
C'est au pied de ces monts qu'une immortelle gloire
Couronna le malheur, et non pas la victoire.

190.

Un tribun propose, dans une assemblée, de remettre en vigueur une loi favorable au peuple. Les patriciens se récrient ; mais il insiste avec plus de force : *Quoi ! dit-il, les bêtes sauvages ont des tannières, et ceux qu'on appelle les maîtres du monde n'ont pas de toit pour leur demeure, pas un pouce de terre pour leur sépulture !* La loi est renouvelée.

191.

Un tableau représente une grande assemblée de Romains. Un homme est au milieu d'eux ; d'un air fier et majestueux, il déchire des papiers, et semble dire au peuple de le suivre dans un temple.

192.

Une femme est arrêtée devant un étang ; elle tient deux enfants dans ses bras, elle vient de changer en grenouilles des paysans qui lui ont refusé à boire.

194.

Six notables bourgeois, la tête nue, la corde au cou, se présentent devant un roi qui les regarde d'un air courroucé. Une femme se jette aux genoux du monarque, et lui dit, les larmes aux yeux : *Ah ! gentil sire, depuis que je repassai la mer en grand péril, je ne vous ai rien demandé ; or, je vous prie humblement que, pour le fils de sainte Marie et*

*pour l'amour de moi, vous veuillez avoir pitié de
ces six hommes.* Le roi attendri fait grace aux six
bourgeois.

194.

Un chevalier est venu à la cour pour rendre
compte au roi de France d'une affaire importante.
Ce monarque, occupé d'une fête qu'il voulait donner, lui en fait voir les apprêts, et lui demande
son avis. *Je pense,* lui répond le chevalier, *que
l'on ne saurait perdre son royaume plus gaîment.*

195.

Le tableau représente un camp ennemi. Parmi
les citoyens, on aperçoit un jeune homme dont le
costume annonce qu'il n'est point du même pays
qu'eux. Un roi paraît lui adresser des menaces,
tandis que, la main sur un brasier, le jeune
homme lui répond avec fierté.

196.

On a envoyé dans une ville d'Afrique, une ambassade pour demander raison d'une entreprise
contraire aux traités faits et au droit des gens. Le
chef de l'ambassade, sans entrer dans des discus-
sions superflues : *Je porte ici la paix ou la guerre,*
dit-il fièrement, en faisant un pli à sa robe, *choisissez.— Choisissez vous-même,* lui répond-on. —
Prenez donc la guerre.

197.

En chantant une hymne de saint Jean, un moine de Saint-Benoît invente les notes de musique.

198.

La fête qui s'était donnée pour le mariage d'un dauphin de France avait fait périr, par le défaut d'ordre et de précaution. plus de quatre mille personnes sur une place qui devint trop célèbre. Le dauphin, vivement affligé de cet évènement, écrit au lieutenant de police : *Je suis pénétré de tant de malheurs. On m'apporte en ce moment ce que le roi me donne tous les mois ; je ne puis disposer que de cela, et je vous l'envoie ; hâtez-vous de secourir les plus malheureux.*

199.

Tandis qu'un ministre affermissait son odieuse domination, par le sang ou par les proscriptions de tout ce qu'il y avait d'hommes distingués dans l'État, et qu'il se croyait déjà parvenu au point de n'avoir plus rien à redouter, une vengeance particulière exécuta ce que les lois n'auraient osé entreprendre. Un seigneur, qui venait d'être injustement dépouillé de ses biens, ayant erré quelque temps à la suite du ministre, en habit déguisé, afin d'observer ses démarches, va se cacher dans une salle souterraine que le tyran doit traverser. Ayant laissé passer les gardes, il fond aussitôt sur lui, l'abat à ses pieds d'un coup de hache, et, fuyant à la faveur de l'obscurité, il va chercher un asile en Austrasie, où beaucoup de seigneurs l'ont précédé.

200.

Un prince d'Angleterre demande la paix à un roi de France, et offre de rendre tout ce qu'il a pris, et une trêve de sept ans. Le roi refuse ces conditions, et attaque huit mille hommes avec quatre-vingt mille. L'armée des Français est mise en déroute ; le monarque reste presque seul sur le champ de bataille. Enfin, ayant reçu deux blessures dans le visage, il se rend à un chevalier français qui servait l'Angleterre, parce qu'il avait dissipé tout son bien en France.

201.

On vient annoncer à un empereur romain que les hérétiques se livrent avec scandale aux outrages les plus révoltants ; qu'ils couvrent même de boue les statues de l'empereur. On l'exhorte à la vengeance, en lui faisant remarquer que cette dernière insulte surtout ne peut rester impunie ; qu'il y va de son honneur..... *Moi,* dit-il en portant la main à son visage, *je ne me sens point blessé.*

202.

Un roi d'Angleterre est forcé, par les barons de son royaume, de signer un acte constitutionnel qui assure à toutes les villes et à tous les bourgs leurs anciennes libertés et franchises, et le droit de ne jamais être taxés que de l'avis et du consentement du conseil des communes.

203.

Un élève écrit sur un tableau les neuf maisons royales de l'histoire d'Angleterre, en nommant le premier roi de chacune d'elles.

204.

Un élève écrit sur un tableau le nom des cinq branches de la troisième race de l'histoire de France, en nommant le premier et le dernier roi de chaque branche.

205.

Une ville du midi de l'Espagne brûle à la suite d'un long siége et d'un assaut meurtrier. Un guerrier célèbre a forcé, au milieu de la nuit, les portes d'un palais; il oblige le dernier roi à s'incliner devant la croix qui est portée par le grand-maître de l'ordre de Calatrava, suivi de ses religieux chevaliers. Des débris d'armures, des costumes africains, prouvent que la victoire a été longtemps disputée. On aperçoit au troisième plan une belle fontaine ; la mer termine l'horizon.

206.

Des députés romains viennent annoncer à **un** homme que ses concitoyens l'ont promu à une place distinguée. Ils le trouvent occupé à cultiver de ses mains, un petit champ de quatre arpents, seul bien qu'il possède.

207.

Une forêt épaisse sert de refuge à un monarque qui, craignant toujours la poursuite de ses sujets, monte sur un chêne pour y passer la nuit. A peine y est-il, que plusieurs soldats, qui sont à sa recherche, passent près de lui sans l'apercevoir. Il les entend exprimer leur ardent désir de le trouver, afin de partager la récompense qu'on avait attachée à la prise de sa personne.

208.

Un héros monté sur un cheval ailé, fait périr à coup de flèches un monstre de race immortelle, qui a la tête d'un lion, le corps d'une chèvre et la queue d'un dragon. Sa gueule vomit des tourbillons de flamme et de fumée. Un roi de Lycie, présent à ce combat, donne au guerrier sa fille en mariage, et le déclare successeur de son trône.

209.

Un héros ayant les ailes de Mercure, le casque
de Pluton, le bouclier de Pallas, arrive dans une
ville de Thessalie, où l'on célèbre les jeux de palet. Le guerrier veut éprouver sa force et son
adresse ; mais il lance si malheureusement son
palet, qu'il atteint son grand-père, qu'il ne con-
naissait pas, et l'étend mort.

210.

Trois sœurs, dont les mains sont d'airain, dont
la chevelure est formée de serpents, et qui n'ont
qu'un seul œil et une seule dent pour toutes les
trois, sont ensevelies dans un profond sommeil.
Un guerrier, avec le secours d'une déesse, coupe
la tête à l'une d'elles. Du sang qui en sort, naissent
un héros tenant une épée d'or à la main, et un
cheval ailé qui frappe aussitôt la terre d'un coup
de pied.

211.

Un roi s'empare de l'Égypte au moment des cérémonies religieuses ; il en dérange l'ordre, blas-
phème, et va jusqu'à tirer ses flèches sur le bœuf
Apis. Ce roi, sachant que c'est assez d'une idée
superstitieuse pour éteindre les plus vifs ressen-
timents de la nature, l'amour de la patrie et le désir

de sa propre conservation, a mis au premier rang
de ses troupes une multitude de chats, de chiens,
et d'autres animaux sacrés en Egypte. De peur de
blesser leurs dieux, les Égyptiens ne tirent pas
sur l'ennemi, et la place est prise sans résistance.

212.

Un roi de France montre à son premier ministre
une promesse de mariage qu'il a faite à une femme
de la cour. N'écoutant que l'intérêt de l'Etat, le
favori du roi déchire aussitôt le papier qui lui est
présenté. *Comment, morbleu!* dit le roi, *que ve-
nez-vous de faire? Je crois que vous êtes fou. —
Il est vrai, sire,* répond ce ministre, *je suis un fou
et un sot, et je voudrais être si fou, que je fusse
tout seul en France.*

213.

Un roi, après une victoire signalée contre trois
puissances liguées contre lui, fait frapper une médaille qui, d'un côté les représente enchaînées, et,
de l'autre, montre un Hercule foulant aux pieds un
Cerbère abattu d'un coup de massue. La médaille
porte cette inscription : *Tres uno contudit ictu;*
c'est-à-dire : *Il en a abattu trois d'un seul coup.*

214.

Un homme condamné à mort trouve un refuge

dans le temple de Minerve ; la sainteté du lieu empêche qu'on ne l'arrête, mais l'entrée en est aussitôt fermée avec de grosses pierres.

215.

Cinq villes de l'Asie sont détruites par le feu du
ciel, et abimées sous un lac.

216.

Dans une île de la mer Egée, un homme tenant
de la main gauche un serpent ailé, et ayant un aigle
à son côté, écrit d'un air inspiré.

217.

Deux apôtres, en présence d'un empereur romain et d'un magicien, prient avec ferveur le ciel
de punir l'impiété de ce même magicien, qui bientôt
tombe et se brise tellement le corps, qu'il meurt de
sa chute.

218.

Les soldats percent de flèches un capitaine romain condamné à mort comme chrétien ; le saint
martyr, près d'expirer, entend la voix de l'ange
qui l'appelle, et fait un dernier effort pour en recevoir la palme du martyre.

219.

Un général français est étendu au pied de la

5.

colonne Pompée et reçoit les secours d'un médecin célèbre, qui panse la blessure que ce guerrier a reçue à la tête en forçant le pont d'une ville d'Égypte.

220.

Un enfant romain dort dans son berceau ; une flamme paraît sur sa tête ; un officier est près de l'éteindre ; mais il est arrêté par une femme qui semble prédire, à cause de cet événement, les grandes destinées auxquelles est appelé cet enfant. Un prince sur le second plan, témoigne son étonnement.

221.

A la prise d'une ville de la Pouille, au milieu des scènes d'horreur que présente une ville livrée au pillage, un empereur d'Allemagne, du douzième siècle, aperçoit un soldat, qui, à l'aide de son épée, déchire la riche couverture d'un manuscrit ; il jette les yeux sur le texte, et découvre les Pandectes d'un empereur d'Orient, qui donna son nom au siècle dans lequel il vivait.

222.

Séparé de sa suite, traversant un lac dans un bateau, un prince est surpris par une tempête très-violente. Au milieu du danger le plus imminent,

voyant les pêcheurs effrayés, il saisit le gouvernail, et leur dit : *Vous ne périrez pas ; je suis avec
vous !*

223.

Après une bataille remportée par les Français
sur les Anglais, une guerrière vient, à la tête des
principaux chefs de l'armée, rendre compte à son
roi de cette victoire éclatante ; un guerrier présente
au monarque un grand général ennemi qu'il a fait
prisonnier, et demande la permission de lui rendre la liberté sans exiger de rançon.

224.

Un prince grec, instruit de la métamorphose
qu'une magicienne a fait subir à ses compagnons,
s'avance vers elle, et, l'épée à la main, la menace
de lui ôter la vie, si elle ne veut rendre à ses amis
leur première forme.

225.

Un roi de Portugal fait exhumer et couronner
sa femme, qui avait été assassinée par l'ordre du
roi, son beau-père, et la fait transporter dans la sé
pulture des souverains.

226.

Il soupirait le soir, si sa main fortunée
N'avait, par des bienfaits, signalé la journée.

BOILEAU.

227.

Cependant lorsqu'aux yeux leur portant la lanterne,
J'examine au grand jour l'esprit qui les gouverne,
Je ne trouve partout que folle ambition.

228.

La mère d'un empereur romain, âgée de quatre-vingts ans, fait démolir un temple profane. On nettoie la place, on creuse, et enfin l'on trouve la grotte d'un sépulcre ; en ce moment, tout le monde se prosterne à la vue d'un tombeau et d'une croix.

229.

Un Gaulois d'une famille puissante, accusé de conspiration, s'est retiré dans un souterrain où il vit avec sa femme et ses deux enfants. Sa retraite ayant été découverte, on envoie des soldats pour le conduire à l'empereur.

230.

N'a-t-on pas vu jadis une femme grand homme
S'opposer, dans Palmyre, aux ravages de Rome ?
Une autre, vers l'Euphrate enchaîné sous sa loi,
Combattre en conquérant et gouverner en roi ?
Argos, Calais, Beauvais, Orléans, vos murailles
Ont vu briller leur sexe au milieu des batailles !

231.

Un jeune prince expirant conjure sa sœur de

l'ensevelir. Comme il avait porté les armes contre sa patrie, les magistrats avaient défendu, sous peine de mort, de lui rendre les derniers honneurs. La jeune princesse désobéit à la loi, et se voit condamnée à périr de faim dans un antre que l'on mure sur elle.

232.

Un jeune Grec, le plus fameux des capitaines de l'armée, pleure sur le corps de son ami, qui vient d'être tué au siége de Troie par un prince de cette ville.

233.

Un jeune enfant est élevé parmi des nymphes et des prêtres, qui frappent sur de grands tambours pour qu'on n'entende pas ses cris.

234.

Mais enfin, las du soin d'égorger ses victimes,
Il abdique ce rang payé par tant de crimes;
Et dans Tibur, au sein d'un repos fastueux,
Il mourut de la mort des hommes vertueux.

235.

Ce vainqueur des Teutons, chassé de l'Italie,
Cacha dans les marais sa tête ensevelie.

236.

Un roi de France, partant pour la Palestine, a

passé la nuit à Vincennes , et prend congé de sa femme en versant des larmes. Il ne doit plus la revoir !

237.

L'écuyer d'un roi d'Angleterre est déguisé en troubadour ; il est au pied d'une tour, où il soupçonne qu'on a renfermé son maître.

238.

Une jeune fille d'une grande beauté, après avoir donné à un prince un peloton de fil et une épée, se sépare de lui avec peine ; elle paraît lui montrer un chemin.

239.

Reviens ; ton fils, brûlant de marcher sur tes pas,
    Demande les leçons d'un père
Dans l'art de la parole et dans l'art des combats.
Sur le bord de la tombe, où l'attend le trépas,
Laërte veut ta main pour fermer sa paupière.

240.

Un prélat vénérable entre dans la chaumière d'un paysan, et lui ramène une vache que celui-ci avait perdue.

241.

Un dieu, le front ceint du diadème, et tenant d'une main un trident, est monté sur un char en

forme de coquille, traîné par des chevaux marins.
Il est entouré de cinq figures allégoriques repré-
sentant les cinq principaux fleuves de France.

242.

Dans une distribution de prix , on propose diverses questions à des élèves ; l'un des interroga-
teurs a fait écrire sur le tableau les noms des villes
suivantes : *Brenneville* , *Azincourt* , *Montlhéry* ,
Guinegate , *Saint - Quentin* , *Saint - Valery - sur -
Somme.* Il s'agit d'indiquer la province et le dé-
partement de chacune de ces villes, et d'en donner des détails historiques.

243.

La statue d'un poète célèbre est entourée à l'envi
par sept femmes , dont les figures allégoriques représentent chacune une ville.

244.

Un jeune chasseur, blessé par un sanglier,
tombe ; une déesse arrive aussitôt, se précipite
près de lui, et lui donne des secours.

245.

Un père fait voir à son fils un tableau sur lequel
on a représenté les cinq principaux ponts de Paris :
le pont *des Arts*, *d'Austerlitz*, le *Pont-Neuf*, le

Pont-Royal. Le jeune homme donne des détails historiques sur chacun d'eux.

246.

Une assiette de dessert représente l'hospice des Quinze-Vingts ; on promet à un enfant de la lui remplir de fraises, s'il dit dans quel siècle, par qui, et dans quelle occasion a été fondé cet établissement.

247.

Avant d'entrer dans l'église de Sainte-Geneviève, dite le Panthéon, un père demande à son fils l'histoire de ce monument.

248.

Calonne, à ses côtés, de l'urne d'Amalthée
Epanche les trésors sur la France étonnée.

249.

Un général, à la bataille de Marengo, est atteint d'un boulet ; il expire sur le champ de bataille, dans les bras de son aide-de-camp, à qui il paraît adresser des paroles mémorables.

250.

Montrent-ils au grand jour leurs frivoles remarques,
On rit du faible orgueil de ces faux ARISTARQUES.

251.

Le lutin du logis est un lutin terrible,
Un ARGUS à cent yeux, un monstre inaccessible.

252.

On a exposé, dans un salon, les armoiries des principales maisons régnantes ; on demande à un élève de les expliquer suivant cet ordre : 1° trois fleurs de lis ; 2° un aigle à deux têtes ; 3° deux châteaux et deux lions écartelés ; 4° cinq écussons chargés de pesons ; 5° trois léopards ; 6° une aigle couronnée ; 7° un cavalier armé, tenant la lance en arrêt et un dragon sous ses pieds ; 8° trois couronnes ; 9° trois lions ; 10° deux clés couronnées d'une tiare ; 11° un croissant ; 12° une aigle, ses ailes ouvertes.

253.

. . . . Enfin l'heureux ***
Ceint d'*un triple laurier*, rentre dans Rome esclave.

254.

A travers ces déserts arides et muets,
Nous volons dans ton sein, ô *Campanie heureuse !*

255.

C'est dans ces mêmes lieux, qu'aux peuples enchantés
Hérodote jadis récitait ses annales.

256.

Un Romain, qui s'est illustré au siége de Syracuse, se transporte sur les places publiques et dans les temples, d'où il fait enlever tous les objets d'art et de curiosité.

257.

Partout, confusément dans la poussière épars,
Les *thermes*, les palais, les tombeaux des Césars,
Tandis que de *Virgile*, et d'*Ovide* et d'*Horace*,
La douce illusion nous montre encor la trace.

258.

Il osa, du *Mélès* quittant les doux rivages,
Emporté sur les eaux vers les climats lointains,
Aux *déités* des mers confier ses destins.
Appelés par *Téthis* de leurs grottes humides,
Les farouches *Tritons*, les blanches *Néréides*
Entouraient les vaisseaux du chantre aimé des dieux.

259.

Un poëte portugais fait naufrage à l'embouchure du fleuve *Camboïa*, et se sauve sur une planche, n'apportant au rivage, pour toute richesse, qu'un poëme de sa composition, qu'il a tenu d'une main au-dessus des eaux de la mer.

260.

Dans ces champs désolés par de cruels ravages,
Vainement l'étranger, plein d'un grand souvenir,

Cherche *Sidon* détruite, et la place où fut *Tyr*.
Ici fut *Ilion* ; là *Balbec* gît sous l'herbe ;
De *Palmyre*, jadis opulente et superbe,
Au milieu des déserts, le cadavre est couché.

261.

Autrefois Camoëns, hardi navigateur,
Voyageait en chantant *cet homme plein de cœur*
Qui, le premier au sud se frayant un passage,
Soumit les eaux du Gange aux Naïades du Tage ;
Poéte courageux d'un mortel si vaillant,
Il vit du Cap fatal l'effroyable géant.

262.

Des fleuves, des torrents, roi puissant et terrible,
Le grand *Meschascebé*, quelquefois plus paisible,
Promène en ces beaux lieux pompeusement ses eaux.

263.

Un berger, trouvant deux enfants fort jeunes et
abandonnés, les emmène chez lui, et les fait allai-
ter par sa femme.

264.

Un empereur d'Allemagne, obligé de se sou-
mettre aux ordres d'un pape, arrive au château de
Canosa, où le pontife fait sa résidence ; il est à la
porte du palais, nu-pieds, vêtu de laine, et sans
aucune marque de dignité, attendant l'absolution
de ses fautes.

265.

Un général grec a fait une proposition qui a soulevé contre lui tous les généraux du conseil ; il repoussait avec fureur ces attaques indécentes et tumultueuses, lorsqu'il voit un général lacédémonien venir à lui la canne levée ; il s'arrête, et lui dit sans s'émouvoir : *Frappe ! mais écoute.* Ce trait de grandeur étonne les généraux, et fait régner le plus profond silence dans le conseil.

266.

Des ambassadeurs d'un roi de Perse font en vain briller aux yeux d'un célèbre médecin, l'éclat de l'or et des dignités. Le grand homme fait répondre au roi qu'il n'a ni besoins, ni désirs, et qu'il se doit aux Grecs plutôt qu'à leurs ennemis. Il alla, en effet, porter les secours de son art aux Athéniens, que la peste moissonnait.

267.

Un roi de Rome est assis sur son trône ; une femme se présente devant lui avec neuf livres qu'elle lui offre pour une grosse somme d'argent ; il les refuse. Alors, en présence du roi, elle en brûle trois et remporte les six autres.

268.

Les tribus d'Athènes sont assemblées pour donner leurs suffrages, par écrit, sur la condamnation d'un citoyen qui assiste au jugement. Un homme obscur prie ce dernier d'écrire le nom de l'accusé sur sa petite coquille. *Vous a-t-il fait quelque tort? — Non,* dit l'inconnu, *mais je suis ennuyé de l'entendre appeler juste.* L'accusé écrit lui-même son nom.

269.

Un roi d'Angleterre, seul et dans un pays ennemi, s'est retiré dans une auberge, où, sous l'habit d'un paysan, il tourne la broche; il remplissait cette fonction, lorsque des soldats allemands entrent dans l'auberge et le reconnaissent. L'étonnement et la colère se peignent sur leurs figures. Un duc, le plus cruel ennemi du roi, le fait arrêter.

270.

Un roi d'Athènes, impatient de voir revenir son fils d'une expédition, est sur le rivage, et chaque vaisseau voguant vers la ville flatte son espérance. En ce moment, il aperçoit celui sur lequel est parti son fils; il est décoré d'une voile funèbre.... Il ne doute pas que son fils ne soit mort, et de désespoir il se précipite dans la mer qui porta depuis son nom.

271.

Une jeune prêtresse d'une grande beauté est

montée sur une tour où est allumé un fanal; un jeune homme, qui traverse la mer à la nage, se dirige vers elle; mais tout à coup un orage survient, le fanal s'éteint, et le jeune homme succombe; son corps est englouti sous les flots, qui le portent sur le rivage. La prêtresse, l'ayant aperçu le lendemain, se précipite dans la mer.

272.

On a trouvé dans des ruines, en Irlande, neuf anciennes armures qui ont appartenu à différents peuples, qu'il faut nommer d'après le symbole de chacune d'elles : la 1re représente *une chouette*, la 2e *une épée*, la 3e *une aigle*, la 4e *une tête de cheval*, la 5e *un cheval bondissant*, la 6e *un lion*, la 7e *un ours*, la 8e *une mort*, la 9e *des clés*.

273.

On a dressé sur le pont de Montereau-Faut-Yonne des barrières pour l'entrevue d'un duc et d'un dauphin de France. Le nombre des seigneurs qui accompagnent les deux princes est égal. Le duc s'avance : la barrière est fermée à clé; il aborde le dauphin.....; aussitôt il est assassiné avec un seigneur qui voulait le défendre. Le dauphin, éperdu, hors de lui-même, tombe sans connaissance.

274.

Un Romain rentre dans sa maison , précédé d'un joueur de flûte et d'un homme qui porte un flambeau.

275.

Le gouverneur d'un pays ordonne à un homme, sous peine de mort, d'abattre d'un coup de flèche une pomme de dessus la tête d'un de ses enfants. Le père infortuné a le bonheur de tirer si juste, qu'il enlève la pomme sans faire de mal à son fils. Le gouverneur aperçoit une autre flèche cachée sous le pourpoint du paysan, et lui demande ce qu'il en veut faire. *Je l'avais prise pour t'en per-cer*, répondit-il, *si j'avais eu le malheur de tuer mon fils.*

276.

Un roi macédonien fait le siége d'une ville. Parmi ses ennemis on distingue un homme qui lui lance une flèche, sur laquelle il a gravé ces mots : *A l'œil droit du roi.*

277.

Près du Nil, il est vrai, l'illustre *Erathosthènes,*
Par des calculs plus sûrs, soumit à son compas
La terre, où brille encor l'empreinte de ses pas.
Thulé vit Pythéas, sur les mers boréales,
Épier du soleil les routes inégales ;

Et Ptolémée encor, d'un œil plus curieux,
Sollicita l'espace et dénombra les cieux.

278.

Un grand général romain, près d'aller porter la guerre en Macédoine, rentre chez lui : sa petite fille l'embrasse, et lui montre avec tristesse sa chienne morte à côté d'elle. Le général lève les yeux au ciel, et paraît le remercier d'un bon augure.

279.

La mère d'un roi de France et la tante d'un empereur d'Allemagne et roi d'Espagne concluent la paix entre leurs deux Etats, dans une ville de Flandre. On lit sur un étendard que porte un soldat : *Paix des Dames.* — 1529.

280.

Dans un temps de neige et pendant la nuit, des Anglais s'emparent d'une ville de France par un singulier stratagème : ils sont vêtus de blanc, et, au moyen d'échelles blanches et de draps blancs, ils escaladent les murs sans qu'on les aperçoive.

281.

Une reine de France vient de donner naissance à un jeune prince ; son père le prend aussitôt dans le pan de sa robe, remet à sa fille des bijoux, frotte d'ail les lèvres de son petit-fils, et lui fait sucer quelques gouttes de vin.

282.

Un écuyer, chargé de porter à une dame le cœur de son maître mort à un siége célèbre, est rencontré par le mari, qui fait servir ce cœur sur la table de sa femme. Quand elle en a mangé, il lui découvre l'horrible repas qu'elle vient de faire. Sa femme jure que ce sera sa dernière nourriture. Elle tint parole, et mourut quelques jours après.

283.

On a représenté, sur un vase de porcelaine, les sept Merveilles du Monde; sur un autre, les trois Graces; sur un autre encore, les neuf Muses. Une jeune demoiselle donne, sur ces peintures, les explications que lui a demandées sa mère.

284.

Un jeune prince de dix-huit ans monte sur l'échafaud, et jette son gant, comme ayant l'air de demander vengeance. Un autre jeune prince semble le suivre, et va mourir comme lui.

285.

Un roi de France, après une bataille où il a été vaincu, semble chercher un asile : il frappe à la

porte d'un château, et paraît dire : *Ouvrez, c'est
la fortune de la France.*

286.

Un empereur romain est placé entre deux poètes :
l'un porte sur sa figure l'empreinte de la bonté et
de la modestie ; l'autre, celle de la satire. L'empereur a l'air de leur dire en souriant : *Je suis entre
les soupirs et les larmes.*

287.

Un homme, curieux de contempler les phéno-
mènes de la nature, s'approche d'un volcan, dont
l'éruption jette partout la consternation. Il admire
quelque temps ce spectacle ; mais bientôt il est
étouffé par des tourbillons de fumée et de flamme.

288.

Un général romain, près de combattre, apprend
que les poulets sacrés n'ont point mangé, ce qui
n'est pas de bon augure ; il sourit avec ironie, fait
jeter les poulets sacrés dans la mer, en disant : *Eh
bien ! s'ils ne veulent pas manger, qu'ils boivent.*

289.

Ce fleuve qui, fougueux et creusant son rivage,
De Genève, en passant, semble entraîner l'image,
Et bientôt, sous Lyon, pour la Saône agrandi,
Baigne la belle France et notre heureux midi.

Venez, suivons son frère à travers l'Helvétie :
Vous verrez de ses flots la fougue ralentie,
Lorsque déjà, roulant en pleine majesté,
Tout-à-coup à *Lauffen* ce fleuve est arrêté.

290.

Ce mont si renommé, tel qu'un géant immense,
D'une triple urne au loin épanche l'abondance.
Il jette le *Tésin* au champ du Milanais,
Le *Rhin* à l'Helvétie, et le *Rhône* au Valais ;
Embrasse trois États : d'un côté ***
De son ciel, de ses arts encore enorgueillie,
Et de l'autre, les champs de ces ***
Pauvres des vains trésors, mais riches de vrais biens ;
Et cette *** enfin..............

291.

Un orateur athénien prend la fuite après une
bataille perdue ; son vêtement s'étant accroché à
des broussailles, il se retourne, croit que c'est un
ennemi qui le poursuit, et lui demande grâce en se
jetant à genoux.

292.

Une femme est vêtue d'une robe de la couleur
des vagues de la mer, tenant en main le croissant
de la lune, entouré de faibles rayons, et sous ses
pieds une écrevisse. Elle porte des ailes de papillon, et l'on aperçoit un caméléon à ses pieds.

293.

Un roi de France, entouré de princes et de ministres, est à la représentation d'une pièce que jouent les jeunes filles de ses anciens militaires. Une femme est à côté de lui, et paraît se féliciter d'avoir fondé cet utile établissement. L'auteur de la tragédie sourit de la voir aussi bien représentée; un ecclésiastique le complimente.

294.

Une jeune fille romaine a promis de faire entrer les ennemis dans la ville, s'ils consentent tous à lui donner leurs bracelets. La condition est acceptée; mais quand ils ont pénétré dans Rome, ils étouffent la jeune fille sous leurs boucliers.

295.

Un Grec met le feu à un temple magnifique, pour faire passer son nom à la postérité.

296.

Le monstre chaque jour, dans Thébe épouvantée,
Proposait une énigme avec art concertée.

297.

Ne vous souvient-il plus, seigneur, quel fut *Hector?*

298.

Les trois Parques, les trois Furies, les trois Gorgones et les trois Harpies tiennent conseil. Le vieux

Caron apprend à un nouveau débarqué le nom et les fonctions de ces filles des Enfers.

299.

Un roi de France fait la guerre à un roi des Visigoths, dont il défait entièrement l'armée, et il le tue lui-même près de Poitiers.

300.

Un empereur romain fait assembler le sénat, pour décider à quelle sauce doit être accommodé un énorme turbot.

301.

Six portraits de femme décorent un salon : le premier représente une reine des Scythes, qui vainquit un roi de Perse ; le deuxième, une reine des Bretons, qui combattit les Romains ; le troisième, une reine de Danemark, qui conquit deux royaumes ; le quatrième, une reine d'Angleterre, qui livra douze batailles pour remettre son époux sur le trône ; le cinquième, une comtesse de Montfort, qui, après beaucoup de siéges, de combats sur terre et sur mer, mit enfin la couronne sur la tête de son fils ; le sixième, une reine d'Angleterre, qui repassa neuf fois l'Océan pour combattre cruel ennemi de son malheureux époux.

6.

302.

Un roi d'Espagne ayant pris le titre de *Grand*,
malgré qu'il eût perdu la *Catalogne*, le *Portugal*,
Naples, qu'il eût cédé l'*Artois*, le *Roussillon*, et
que l'indépendance de la *Hollande* fût reconnue,
est représenté sous l'emblème d'un fossé, avec ces
mots : *Plus on lui ôte, plus il est grand.*

303.

Tel, et moins généreux aux rivages d'Épire,
Lorsque de l'univers il disputait l'empire,
Confiant sur les flots, aux aquilons mutins,
Le destin de la terre et celui des Romains,
Défiant à la fois et Pompée et Neptune,
C*** à la tempête opposait sa fortune.

304.

Un empereur de Mexico tombe dans les mains
des Espagnols, conduits par Fernand C***, et de-
vient martyr de l'avarice et de la cruauté des vainqueurs : ils l'étendent sur des charbons ardents
pour le forcer à dire où sont cachés les trésors de
l'empire. Un des favoris de l'empereur partage son
supplice, et se plaint de ses souffrances. *Et moi*,
lui dit tranquillement son prince, *suis-je donc sur
un lit de roses ?*

305.

Les Péruviens sont asservis par les Espagnols,

ayant à leur tête François***. Le monarque lui-même est pris; il offre pour sa rançon autant d'or qu'en pourrait contenir une vaste salle où il se trouve jusqu'à la hauteur de sa main, qu'il élève de toute la longueur de son bras au-dessus de sa tête. Les vainqueurs acceptent; mais après s'être emparés des immenses monceaux d'or qu'ils trouvent, ils font périr le malheureux Inca sous les coups du bourreau.

306.

Un jeune berger est assis avec une jeune fille sous une grotte. Un cyclope, qui les aperçoit, lance aussitôt sur eux un rocher d'une grosseur énorme.

307.

Un empereur romain est, avec un grand nombre de seigneurs, dans une salle toute tendue de noir : il les fait dîner au milieu de l'appareil de la mort; puis il les renvoie chez eux avec la persuasion qu'ils vont être ses victimes; et après avoir joui de leurs alarmes, il les comble de présents.

308.

Un philosophe reçoit une lettre d'un roi, qui le charge de l'éducation de son fils qui vient de naître.

309.

Un vieillard romain est à cheval, et ne descend

pas à l'approche d'un consul qui est son fils. Déjà onze licteurs ont passé outre sans rien dire, par respect pour la dignité paternelle. Le consul s'en aperçoit, et ordonne au licteur qui se trouve le plus près de lui de crier à son père de descendre de cheval. Le père, descendant aussitôt : *Mon fils*, dit-il, *je n'ai point méconnu ton autorité ; mais j'ai voulu voir si tu savais te conduire en consul.*

310.

A Tonkat, ville du Turkestan, un chef de Tartares, après avoir vaincu un sultan de Karisme, tient une assemblée générale de tous les kans, les gouverneurs et les généraux de son empire : il reçoit les ambassadeurs des pays conquis, au nombre de plus de cinq cents, et un de ses fils lui fait présent de cent mille chevaux.

311.

Des *Bacchantes* dispersent les membres d'un poète dans les campagnes, et jettent sa tête dans un *fleuve*. Cette tête, entraînée par les flots, s'arrête près d'une *île*, et sa bouche semble exhaler des sons tristes et lugubres.

312.

Le Dieu né de Maïa vole accomplir *ses* lois,
Il attache d'abord ses brodequins dociles,
Qui, soutenant son vol sur leurs ailes agiles,

Au-dessus des vallons, des montagnes, des mers,
Plus vite que les vents lui font fendre les airs.
Ensuite, il prend en main sa baguette puissante,
Qui maîtrise à son gré la Parque obéissante,
Rouvre quand il lui plaît les portes du tombeau,
Imprime de la mort le redoutable sceau,
Ote ou rend le sommeil, fend les sombres nuages,
Et fraie au dieu sa route au travers des orages.

313.

Cueillez dans l'*Yémen* ce fruit délicieux
Dont les sels irritants, les sucs spiritueux,
Des chaînes du sommeil délivre la pensée.

314.

Soit qu'enfin, dans sa course, il ne dédaigne pas
Le double front du *Pinde* et la source limpide,
D'où Castalie échappe avec un flot rapide.

315.

En sortant d'*une ville* de France, et tout près
d'un bourg, on aperçoit une fontaine *intermittente*, dont les intervalles sont marqués avec une
exactitude extraordinaire. Un murmure sensible
est l'avant-coureur de l'apparition de l'eau. Ce
n'est d'abord qu'un petit filet qui grossit graduel-
lement jusqu'à un volume considérable, et coule
ensuite ainsi pendant quelques instants.

316.

Tel et de même éclate, aux yeux des matelots,
Ce feu qui leur est cher, et qu'au fort des orages

Les mâts électrisés attirent des nuages ;
Qui roule en se jouant, que son brillant essor
Fit appeler *Hélène* et *Pollux et Castor.*

317.

Un interrogateur a écrit sur un tableau les dates
suivantes, et prie un élève de dire ce qui s'est
passé de remarquable *en France* à ces époques :
800 — 1214 — 1282 — 1572 — 1598 — 1610
— 1643 — 1700 — 1792 — 1801 — 1814.

318.

Si la nue, en long sillon tranchant,
Ouvre son sein, le ferme, l'ouvre encore,
Et de vos toits tout-à-coup s'approchant,
Semble y porter l'effrayant *météore,*
N'avez-vous pas *la flèche de Franklin,*
Qui, vers les cieux s'ouvrant un sûr chemin,
Dresse sa tige, atteint la foudre errante,
Et de ses feux, aussitôt s'emparant,
Du haut du fer où leur flamme serpente,
Guide à vos pieds leur courroux expirant?

319.

Ces sites consacrés à la mélancolie,
Courons les demander à l'heureuse***.
O terre de Saturne ! ô doux pays ! beau ciel !
Lieux où chanta *Virgile,* où peignit *Raphaël !*
Terre dont rien jamais n'a surpassé la gloire,
Grande par les beaux-arts, reine par la victoire,
Sans respect, sans amour, qui peut toucher tes bords !
Que de belles cités ! que de riches trésors !
Quels spectacles ! quels lieux ! Milan ! Parme ! Vicence !
La superbe Venise, et l'illustre Florence !

Ferrare, où Calliope a médité des chants ;
Les chefs-d'œuvre nouveaux et les vieux monuments,
L'Italie et la Grèce ensemble confondues ;
Les palais, les tombeaux, un peuple de statues,
Et la toile animée, et partout réunis,
Les beaux temps des Césars et ceux des Médicis.

320.

J'ai vu de *** *les filles attentives*
Laisser l'onde tranquille et leurs urnes oisives :
J'ai vu *les fières sœurs* oublier leur devoir ;
Jusqu'au fond de ses eaux *** s'émouvoir ;
*** et ***, à cette heureuse approche,
S'asseoir, l'un sur sa roue, et l'autre sur sa roche ;
*** à son vautour cesser d'être livré,
Et *** abreuver son gosier altéré.

SIÈCLE DE LOUIS XIV.

321.

L'un, aussi correct dans sa propre langue que s'il l'avait apprise par règles et par principes, aussi élégant dans les langues étrangères que si elles lui étaient naturelles, en quelque idiome qu'il compose, semble toujours parler celui de son pays. Il a entrepris, il a fini une *pénible traduction* que le plus bel esprit pourrait avouer, et que *le plus pieux personnage* devrait désirer d'avoir faite.

(Labruyère.)

322.

L'autre fait revivre *Virgile* parmi nous, trans-

met dans notre langue les grâces et les richesses
de la latine, fait des romans qui ont une fin, en
bannit le prolixe et l'incroyable, pour y substituer
le vraisemblable et le naturel. (LABRUYÈRE.)

323.

Un autre, plus égal que *Marot*, et plus poète
que *Voiture*, a le jeu, le tour et la naïveté de tous
les deux ; il instruit en badinant, persuade aux
hommes la vertu par l'organe des *bêtes*, élève les
petits sujets jusqu'au sublime : homme unique
dans son genre d'écrire ; toujours original, soit
qu'il invente, soit qu'il traduise ; qui a été au-delà
de ses modèles, modèle lui-même difficile à imi-
ter. (*Le même.*)

324.

Celui-ci passe *Juvénal*, atteint *Horace*, semble
créer les pensées d'autrui, et se rendre propre tout
ce qu'il manie ; il a, dans ce qu'il emprunte des
autres, toutes les grâces de la nouveauté et tout le
mérite de l'invention ; ses vers sont forts et har-
monieux, faits de génie, quoique travaillés avec
art ; pleins de traits et de poésie, ils seront lus
encore quand la langue aura vieilli, et en seront
les derniers débris ; on y remarque une critique
sûre, judicieuse et innocente, s'il est permis, du
moins, de dire de ce qui est mauvais qu'il est mauvais. (*Le même.*)

325.

Cet homme vient après *un homme loué*, applaudi, admiré, dont les vers volent en tous lieux et passent en proverbes ; qui prime, qui règne sur la scène, qui s'est emparé de tout le théâtre : il ne l'en dépossède pas, il est vrai, mais il s'y établit avec lui ; le monde s'accoutume à en voir la comparaison : quelques-uns ne souffrent pas que ***, le grand ***, lui soit préféré ; quelques autres qu'il lui soit égalé : ils en appellent à l'autre siècle, ils attendent la fin de quelques vieillards qui, touchés indifféremment de tout ce qui rappelle leurs premières années, n'aiment peut-être, dans *OEdipe*, que le souvenir de leur jeunesse.   (LABRUYÈRE.)

326.

Que dirai-je de ce personnage qui a fait parler si longtemps *une envieuse critique*, et qui l'a fait taire ; qu'on admire malgré soi, qui accable par le grand nombre et par l'éminence de ses talents ? Orateur, historien, théologien, philosophe, d'une rare érudition, d'une plus rare éloquence, soit dans ses entretiens, soit dans ses écrits, soit dans la chaire, un défenseur de la religion, une lumière de l'Eglise ; parlons d'avance le langage de la postérité : un père de l'Eglise ! Quel n'est-il point ? Nommez, Messieurs, une vertu qui ne soit pas la sienne.   (*Le même.*)

327.

Un autre est simple, timide, d'une ennuyeuse conversation : il prend un mot pour un autre, et il ne juge de la bonté de sa pièce que par l'argent qui lui en revient ; il ne sait pas la réciter, ni lire son écriture. Laissez-le s'élever par la composition : il n'est pas au-dessous d'*Auguste*, de *Pompée*, de *Nicomède*, d'*Héraclius :* il est roi et grand roi ; il est politique, il est philosophe. Il entreprend de faire parler des héros, de les faire agir ; il peint les Romains : ils sont plus grands et plus romains dans ses vers que dans leur histoire.

(LABRUYÈRE.)

328.

Il n'a manqué à *Térence* que d'être moins froid. Quelle pureté, quelle exactitude, quels caractères ! Il n'a manqué à *** que d'éviter le jargon et le barbarisme , et d'écrire purement. Quel feu , quelle naïveté , quelle source de la bonne plaisanterie , quelle imitation de mœurs , quelles images, et quel fléau du ridicule ! Mais quel homme on aurait pu faire de ces deux comiques.   (*Le même.*)

329.

Le disciple, l'ami de Bossuet, et depuis devenu, malgré lui, *son rival et son ennemi*, composa ce livre singulier qui tient à la fois du roman et du poëme, et qui substitue une prose cadencée à la versification. Il donna à cet immortel ouvrage une dignité et des charmes inconnus, et surtout il tira des fictions une morale utile au genre humain, morale entièrement négligée dans presque toutes les inventions fabuleuses.   (VOLTAIRE.)

330.

L'art délicat de répandre des grâces jusque sur la philosophie fut encore une chose nouvelle, dont le livre des *Mondes* fut le premier exemple, mais exemple dangereux, parce que la véritable parure de la philosophie est l'ordre, la clarté, et surtout la vérité. Cependant, on peut regarder son auteur comme l'esprit le plus universel qu'ait produit le siècle de Louis XIV : c'est le premier des hommes dans l'art nouveau de répandre de la lumière et des grâces sur les sciences abstraites.

(*Le même.*)

331.

Un ministre d'Espagne se présente au roi, son maître, et lui dit : *Je viens vous annoncer une heureuse nouvelle. Votre Majesté a gagné tous les biens du duc de Bragance : il s'est avisé de se faire proclamer roi, et la confiscation de ses terres vous est acquise par son crime.*

332.

Un ministre d'Espagne , allemand de naissance,
avec une fierté si contraire à la vraie grandeur,
laissait le trésor sans argent, les places de toute la
monarchie en ruines, les ports sans vaisseaux, les
armées sans discipline, destituées de chefs qui sus-
sent commander. C'est là surtout ce qui contribua
aux premiers succès de Louis XIV, quand il atta-
qua son *beau-frère* et sa *belle-mère*, en 1667, et
qu'il leur ravit la moitié de la Flandre et toute la
Franche-Comté.

333.

Le roi *en* part, et y laisse sa *mère* entourée de
gardes qui la retiennent. Ses amis, ses créatures,
ses domestiques, son médecin même, sont conduits
à la Bastille et dans d'autres prisons. Depuis ce
moment, *elle* ne revit plus ni son fils, ni Paris,
qu'elle avait embelli. Cette ville lui devait le palais du Luxembourg, ses aquéducs dignes de Rome.
Toujours immolée à des favoris, *elle* passa le reste
de ses jours dans un exil volontaire, mais doulou-
reux. La veuve d'un *grand roi*, la mère d'un *roi
de France*, la belle-mère de *trois souverains*, meurt
dans la pauvreté, et dans une ville étrangère.

334.

Cette *brillante* fleur de l'arbre des *Valois*,
En qui mourut le nom de tant de puissants rois ;

Cette femme, pour qui tant de lauriers fleurirent,
Pour qui tant de bouquets chez les muses se firent,
Vit bouquets et lauriers *sur sa tête sécher;*
Vit, par un coup fatal, les lis s'en détacher;
Et le cercle royal dont l'avait couronnée,
En tumulte et sans ordre, *un trop prompt hyménée,*
Rompu du même coup, devant ses pieds tombant,
La laissa comme un tronc dégradé par le vent.
Epouse sans époux, et reine sans royaume,
Vaine ombre du passé, grand et noble fantôme,
Elle traîna depuis les restes de son sort,
Et vit jusqu'à son nom mourir avant sa mort.

335.

On m'a apporté ce matin deux tableaux : l'un représente Henri IV prenant le café avec le bon Sully ; l'autre, Charlemagne recevant d'un ambassadeur une plante que l'on prendrait pour celle qui donne le tabac. Le peintre a-t-il lu l'histoire ?

336.

J'ai reçu ce matin la visite de six étrangers qui sont venus me faire leurs compliments de condoléance sur la mort de l'un de mes parents ; tous les six portaient le deuil suivant la coutume de leurs pays : le premier était vêtu de blanc ; le deuxième, le troisième et le quatrième, de bleu ; le cinquième, de jaune, et le sixième enfin, de gris. A quel pays appartient chaque étranger ?

337.

Une femme est en habit de chasse, les cheveux

noués par derrière, la robe retroussée avec une
ceinture, le carquois sur l'épaule, un croissant sur
le front, un chien à ses côtés, et tenant un arc
bandé, dont elle décroche une flèche. Ses jambes
et ses pieds sont nus. Elle a le sein droit décou-
vert.

338.

Dans un de mes voyages, j'ai vu l'éléphant blanc
recevoir les honneurs de la divinité : il ne man-
geait que dans de la vaisselle de vermeil ; lorsqu'on
le conduisait à la promenade, six personnes de distinction portaient un dais sur sa tête ; sa marche
était une espèce de triomphe, et tous les instruments l'accompagnaient ; les mêmes cérémonies
s'observaient lorsqu'on le menait boire : au sortir
de la rivière, un seigneur de la cour lui lavait les
pieds dans un bassin d'argent.

339.

Un diadème auguste ceint la tête d'une femme ;
d'une main elle lance la foudre, et de l'autre elle
sème des fleurs. Ses cheveux, abandonnés aux
zéphirs, flottent sur ses épaules en ondes négligées ;
sa robe, qu'aucun lien ne serre, et qui la pare sans
la gêner, brille de couleurs plus diverses et plus
vives que celles dont Phébus peint la nue, quand
il s'y joue avec ses rayons. Une foule de *génies*

voltigent autour d'elle, comme ses ministres : l'*un*
est chargé du cothurne superbe, qu'il est tout fier
de porter ; l'*autre* essaie en riant le brodequin ;
l'*un*, d'un souffle hardi, fait résonner la trompette
éclatante, tandis que l'*autre* fait soupirer tendrement la flûte pastorale.

340.

Un peintre a représenté un vieux spectre fémi-
nin, ayant la tête ceinte de couleuvres, un teint
livide, une horrible maigreur, des serpents dans
les mains, et un autre qui lui ronge le sein. A ses
pieds est une hydre à sept têtes ; elle est chassée
par un vieillard qui tient une faux d'une main et
de l'autre relève une femme abattue qui tient un
miroir.

341.

Un tableau représente une femme assise sur une
proue de navire, appuyée sur une ancre, et dans
l'action d'un ardent désir. L'objet qu'elle paraît
regarder fixement est l'arc-en-ciel. Des fleurs sont
placées près d'elle.

342.

Un tableau du Musée représente une femme de
bonne mine, vêtue en habit de bal, et dont la robe
est parsemée de masques ; elle tient une botte de

paille allumée, et la fente de sa robe laisse apercevoir une jambe de bois.

343.

Dans la coupole du salon de la Guerre, à Versailles, Le Brun a représenté une femme portée sur des nuages, ayant le casque en tête, la robe de couleur de pourpre, et le manteau bleu semé de fleurs de lis d'or ; d'une main elle porte un bouclier où le portrait d'un roi est peint avec une couronne de laurier autour du front ; de l'autre elle lance un foudre.

344.

Une femme debout, modestement vêtue, tient entre ses mains un vase tellement transparent, qu'on voit au travers une petite quantité d'huile ; elle est inclinée, et verse dans des cruches de grès la liqueur, qui ne tarit point au grand étonnement de deux de ses enfants qui sont à genoux devant elle.

345.

On voit, au bas de la coupole du dôme des Invalides, douze esquisses terminées des douze apôtres, peints chacun avec les attributs qui les distinguent.

346.

Il fit ses premières campagnes sous le prince de

Condé et le maréchal de *Turenne*. Digne élève de ces grands hommes, et parvenu lui-même au commandement de l'armée, il rendit son nom célèbre en Flandre comme en Italie. Il *lui* échappa, dans la malheureuse affaire de *Chiari*, un mot digne des plus grands hommes de l'antiquité. Après une charge infructueuse, il ralliait encore les troupes; un officier lui dit : *Où voulez-vous que nous allions ? à la mort ? — Il est vrai*, répond notre héros, *la mort est devant; mais la honte est derrière!*

347.

Un chancelier, ayant appris qu'un scélérat avait trouvé assez de protection pour obtenir des lettres de grâce, se rend auprès du roi. *Sire*, dit-il, *Votre Majesté ne peut accorder des lettres de grâce dans un pareil cas. — Je les ai promises*, lui répondit le roi; *allez me chercher les sceaux. — Ils sont pollués*, dit le chancelier; *je ne les prends plus. — Quel homme!...* s'écrie le roi; et il brûle les lettres de grâce après avoir réfléchi un moment. Alors le chancelier reprend les sceaux, et dit : *Je les reprends; le feu purifie tout.*

348.

Ce héros dont *la main raffermit les remparts*,
C'est l'ami de *Louis*, des vertus et des arts:

7.

349.

Livrés sans défiance aux délices d'un banquet
splendide, des sénateurs épuisaient à l'envi des
coupes remplies d'un nectar écumant, lorsque du
plafond doré, descend avec lenteur une légère pluie
de roses, dont les suaves émanations embaument
les convives. A ce spectacle inattendu, on s'étonne,
on accueille avec des transports d'allégresse ce
raffinement de volupté, et la troupe abusée s'em-
presse d'applaudir au *prince*, et de fêter un si
beau jour. Cependant la pluie redouble ; les tables, les lits en sont inondés, et les convives res-
pirent à peine sous cette masse odorante. Ils
reconnaissent alors la perfide scélératesse du
tyran ; mais il est trop tard ; plus de moyen d'é-
chapper : un déluge de fleurs les engloutit tous,
et les ensevelit dans un même tombeau.

350.

PROVERBES

LITTÉRAIRES, HISTORIQUES, GÉOGRAPHIQUES.

(On en donnera l'explication).

1. Il n'a pas fait une panse d'*a*.
2. Il est marqué à l'*a*.
3. Faire une *algarade*.
4. Maître *Aliboron*.

5. N'entendre pas le haut allemand.

6. Ecrire comme un ange.

7. J'ai payé tous mes Anglais.

8. Débander l'arc ne guérit pas la plaie.

9. C'est un Argus.

10. C'est un Aristarque.

11. La bonne aventure au gué.

12. Avril plaît aux hommes, mai plaît aux bêtes.

13. Il a battu les buissons; l'autre a pris les oisillons.

14. Les chevaux courent les bénéfices, et les ânes les attrapent.

15. Quatre-vingt-dix-neuf moutons et un Champenois font cent bêtes.

16. Ce sont des *reines blanches.*

17. Ce n'est pas la mer à boire.

18. Opiner du bonnet.

19. Il met du foin dans ses bottes.

20. Les armes de Bourges.

21. Bourguignons salés.

22. Se faire payer en bourreau.

23. Il ressemble à l'âne de Buridan.

24. Vous vous *chamaillez.*

25. A la Chandeleur, les grandes douleurs.

26. Charbonnier est maître chez soi.

27. Il ressemble à un chevalier errant.

28. C'est un pays de cocagne.

29. Faire des châteaux en Espagne.

30. C'est le roi de la *fève*.

31. Il a la fièvre de Saint-Vallier.

32. Au temps que la reine Berthe filait.

33. Il parle français comme une vache espagnole.

34. Vous êtes un *frondeur*.

35. Renvoyer aux calendes grecques.

36. Vieux comme Hérode.

37. C'est un *huguenot*.

38. Coup de Jarnac.

39. Vous lambinez.

40. Boire à tire-larigot.

41. Convoi de Limoges.

42. Les lis ne filent pas.

43. Cela fut joué à Loches.

44. C'est la coutume de Lorris.

45. Tomber de Charybde en Scylla.

46. Un Manceau vaut un Normand et demi.

47. L'appétit vient en mangeant.

48. Chacun a sa marotte.

49. Traiter quelqu'un de Turc à Maure.

50. Faire comme l'anguille de Melun.

51. Que de choses dans un menuet !

52. Dame qui moult se mire, peu file.

53. Partage de Montgommery.

54. Tous les bourgeois de Chartres et ceux de Montléry.

55. Et de Caron pas un mot.
56. Le mouchard.
57. Revenir à ses moutons.
58. Le chien de Jean de Nivelle.
59. Noces salées.
60. Passer la nuit blanche.
61. Faire l'Olibrius.
62. L'âge d'or.
63. Attendez-moi sous l'orme.
64. Etre hors de page.
65. Un seigneur de paille.
66. Rompre la paille avec quelqu'un.
67. Etre bon comme le bon pain (*Penn*).
68. Elles ont donné dans le Mississipi.
69. Il aime les œufs de Pâques.
70. Comme à la cour du roi Pétaud.
71. C'est un petit-maître.
72. Etre sur un grand pied dans le monde.
73. Jeter à croix et à pile.
74. Aller sur le pré.
75. Tomber en quenouille.
76. Le quart-d'heure de Rabelais.
77. Se chauffer à la cheminée du bon roi René.
78. Ce sont des ribauds.
79. Faire ripaille.
80. C'est un Roger-Bon-Temps.
81. Donner un soufflet à Ronsard.
82. Enlever comme un corps saint.

83. Quand il pleut le jour de la **Saint-Médard,**
il pleut quarante jours plus tard.

84. Niais de Sologne.

85. C'est un Sybarite.

86. C'est un sycophante.

87. On dirait qu'elle a des paniers.

88. Boire comme un templier.

89. Portez donc un toast à Monsieur.

90. Il a de l'or de Toulouse.

91. Perdre la tramontane.

92. Servir de Triboulet.

93. Paraître sortir de l'antre de **Trophonius.**

94. Cet homme sent la vache à Colas.

95. C'est un phénix.

96. C'est un vieux cerbère.

97. Riche comme un Crésus.

98. Crier *haro.*

99. Honni soit qui mal y pense.

100. Faire la figue.

101. Vivre vieux comme Mathusalem.

102. C'est une mazette.

103. Les oreilles de Midas.

104. Il est comme une momie d'Egypte.

105. Il a l'air d'un Ostrogoth.

106. Pauvre comme Job.

107. Pauvre hère.

108. Ce n'est pas le Pérou.

109. Il a trouvé l'Eldorado.

110. Il a l'air de revenir de Pontoise.

111. Il travaille pour le roi de Prusse.

112. C'est un rossignol d'Arcadie.

113. C'est un roussin d'Arcadie.

114. Je le ferai la semaine des trois jeudis.

115. Il a une voix de Stentor.

351.

Etymologie des jours de la semaine.
Etymologie des mois de l'année.

352.

D'où proviennent les végétaux suivants?
L'abricot. — Les amandes. — L'ananas. —
L'artichaut. — L'aveline. — Le café. — La capucine. — La carotte. — Les cerises. — La châtaigne. — Le chou blanc. — Le chou-fleur. — Le
chou rouge. — Le chou vert. — Le citron. — Le
coing. — L'échalotte. — L'épinard. — La figue.
— Le froment. — Le girofle. — La grenade. —
Le haricot. — La laitue. — Le laurier. — Le
marronnier sauvage. — Le melon. — Les navets.
— Les noisettes. — La noix. — Les oignons. —
Les olives. — Les oranges. — La pêche. — Le
persil. — La pomme. — La pomme de terre. —
La poire. — La prune. — Le riz. — Le tabac. —
Le thé. — Le topinambour.

EMBLÈMES

353.

Quels sont les emblèmes des animaux suivants ?
Abeille. — Agneau. — Aigle. — Ane. — Anguille. — Bouc. — Castor. — Cerf. — Chat. — Chèvre. — Chien. — Cigogne. — Cochon. — Colombe. — Coq d'Inde. — Crocodile. — Eléphant. —Faucon. — Fourmi. — Grenouille. — Hermine. — Hibou. — Hippopotame. — Hirondelle. — Huîtres. — Lapin. — Léopard. — Lézard. — Lièvre. — Lion. — Lion percé d'une flèche, et voulant la retirer. — Lion rugissant. — Lion sous le joug. — Moineau. — Moule. — Mulet. — Oie tenant une pierre dans son bec. — Papillon. — Pélican. — Perdrix. — Perroquet. — Poule. — Rat. — Renard. — Sanglier. — Serpent. — Serpent mordant sa queue. — Serpents entrelacés autour d'un bâton (*caducée*). — Singe. — Sphynx. — Taureau. — Tortue. — Tourterelle. — Vipère.

354.

Quels emblèmes cachent les objets suivants ?
Agneau immolé sur l'autel. — Ampoule (sainte). — Ancre. — Balance et épée. — Bride. — Cachet et clé. — Calice et hostie dessus. — Cendres. — Cercle. — Chaînes environnant un globe.—Chan-

delier à sept branches. — Cierge allumé.—Cierge pascal. — Clés croisées. — Cœur enflammé. — Colombe descendant du ciel avec des flammes. — Colonne taillée dans le roc. — Corne de bœuf. — Corne d'Amalthée, d'où il sort des fruits. — Couronne d'épines. — Couronne d'étoiles. — Echelle de Jacob. — Encensoir fumant. — Feu et eau. — Girouette.—Globe cintré et surmonté d'une croix. — Lampe. — Lanterne sourde. — Mains (deux) qui se tiennent. — Marotte et grelots.—Marteaux et clous. — Masque. — Miroir. — Or. — Oreilles d'âne sur une tête humaine, bandeau sur les yeux, poignard à la main. — Palme. — Plomb. — Robe blanche. — Roue. — Spectre et main de justice. —Soleil et livre ouvert. — Triangle lumineux. — Trompettes. — Vif-argent. — Voile.

SYMBOLES ET ENSEIGNES DE QUELQUES PEUPLES.

355.

De quels peuples les objets suivants sont-ils les symboles ou les enseignes?

Des queues de cheval, ou un dragon. — Une chouette. — Un aigle d'or sur un drapeau blanc, selon Xénophon. — Un cheval ailé ou Pégase. — La feuille de platane, dont leur pays avait la forme. — La lettre grecque M.—La lettre grecque A. — Une tête de mort. — Une tête de cheval. — Une botte de foin (dans le principe), puis la louve, le minotaure, un cheval, un sanglier, enfin l'aigle, à laquelle ils s'arrêtèrent la seconde année du consulat de Marius. — Les clés de saint Pierre. — Une épée. — Des cerfs. — Un coq.—Un chat.— Un ours. — Un coursier bondissant. — Le Lion. —L'aigle à deux têtes. — Les fleurs de lis. — Le croissant. —Une aigle.

EMBLÈMES DES HOMMES CÉLÈBRES.

356.

De quels sentiments les hommes suivant sont-ils l'emblème ?

Abel. — Agamemnon. — Alexandre. — Aristarque. — Artémise. — Benjamin. — Bias. — Caïn. — Caton. — César. — Cicéron. — Crésus. — Curtius. —Daniel. —David.—Démosthènes.— Diogène. — Elie. — Erostrate. — Esther, — Eve. — Hercule. — Jézabel. — Job. — Joseph. —Mathusalem.—Mécène.—Melchisédech. —Messaline. —Moïse. — Néron. —Nestor. —Oreste et Pylade. — Orphée. — Pandore. — Pénélope. — Phalaris. — Pharaon. — Salomon. — Samson. — Sardanapale. — Socrate. — Vitellius. — Zoïle.

ATTRIBUTS DES PRINCIPAUX SAINTS.

357.

Quels sont les attributs des saints qui suivent ?

Sainte Agnès. — Saint Jean-Baptiste — Saint Jean l'Évangéliste. — Saint Mathieu, évangéliste. — Saint Philippe, apôtre. — Saint Luc, évangéliste. — Saint Jacques le Majeur, apôtre. — Saint Jérôme. — Saint Étienne, premier martyr. — Saint Eustache. — Saint François de Paule. — Saint Pierre, apôtre. — Saint Antoine. — Saint Augustin. — Saint Hubert. — Saint Jean, apôtre. — Saint Louis. — Saint Barthélemy. — Saint André, apôtre. — Saint Michel. — Sainte Marguerite. — Saint Christophe. — Saint Nicolas. — Élie. — Saint Paul, apôtre. — Saint François de Sales. — Saint Dominique. — Saint Laurent. — Saint Mathieu, apôtre. — Saint Marc, évangéliste. — Saint Thomas, apôtre. — Saint Ignace de Loyola. — Sainte Agathe. — Saint Jude, apôtre. — Sainte Cécile. — Saint Jacques le Mineur, apôtre. — Saint Paul, premier ermite. — Sainte Catherine. — Saint Ambroise. — Saint Simon, apôtre. — Saint Jean. — Saint François d'Assises. — Saint Antoine. — Saint Denis. — Sainte Lucie.

358.

Que signifient, sur quelques livres, ces lettres **A. M. D. G. ?**

ANIMAUX CONSACRÉS AUX DIEUX.

359.

A quels dieux les animaux suivants étaient-ils consacrés ?

Agneau. — Aigle. — Alcyon. — Anchois. — Ane. — Barbeau. — Biche. — Brebis. — Cerf. — Cheval. — Chien. — Chouette. — Cochon. — Colombe. — Coq. — Corbeau. — Dragon. — Génisse. — Griffon. — Hydre. — Lion. — Loup. — Oie. — Paon. — Picvert. — Pie. — Phénix. — Serpent. — Thon. — Truie.

ARBRES ET PLANTES CONSACRÉS AUX DIEUX.

360.

A quels dieux les plantes et les arbres suivants étaient-ils consacrés ?

Ail capillaire. — Chêne. — Chiendent. — Cyprès. — Dictame. — Feuilles de figuier. — Frêne. — Genévrier. — Hêtre. — Jacinthe. — If. — Laurier. — Lierre. — Lis. — Myrte. — Narcisse. — Nerprun. — Olivier. — Palmier. — Pampre. — Pavot. — Peuplier. — Pin. — Platane. — Pourpier. — Roseau. — Rosier. — Safran. — Vigne.

FIN DES ÉNIGMES.

MOTS DES ÉNIGMES.

(Voir, pour les explications détaillées, l'*Histoire universelle en tableaux*, de Mlle A. Gombault.)

1. François Ier.
2. OEdipe et le berger Phorbas.
3. Mlle de La Vallière.
4. Henri III.
5. Les Étoliens.
6. Darius, fils d'Hystaspe.
7. Charles XII.
8. Pierre le Grand.
9. Psyché.
10. Mélusine.
11. Le duc de Clarence, frère d'Édouard IV, roi d'Angleterre.
12. De Lannoy, vice-roi de Naples, et François Ier
13. De Tavannes et Henri II.
14. Philippe II et Emmanuel, duc de Savoie.
15. M. de Brissac, les Guises.
16. Philippe V, roi d'Espagne, et Louis XV.
17. Marguerite de Valois.
18. La lâcheté.
19. La Paresse.
20. Le Travail.
21. La Vieillesse, la Jeunesse, l'Enfance, la Virilité.
22. Philippe-Auguste ; le comte Ferrand ; Guérin, évêque de Senlis et ministre ; Philippe, évêque de Beauvais ; Mathieu de Montmorency, connétable ; Henri Clément, maréchal de France ; Galéas de Montigny.
23. Philippe-Auguste.
24. Batailles de Séminare et de Cérignole, en 1503.
25. Nicot, ambassadeur, et Catherine de Médicis.
26. Louis XVI.
27. Agésilas.
28. Attila.
29. Tarquin l'Ancien et Tanaquil.

30. Euripide et Archélaüs, roi de Macédoine.
31. Sophocle.
32. L'Orgueil.
33. La Méchanceté.
34. Petus et Arria.
35. Porcia.
36. Cléopâtre.
37. Camille.
38. Clovis et le vase de l'église de Reims.
39. Saint Rémi baptisant Clovis.
40. Charlemagne couronné empereur.
41. Combat des Trente. Richard Bembro, capitaine anglais, et Beaumanoir, seigneur breton.
42. Marcel et Jean Maillard.
43. La Vacquerie et Louis XI.
44. Louis XII.
45. Le duc de Guise.
46. Le grand Condé à Lens.
47. Thomas Becket.
48. Saladin.
49. Brunehaut, Clotaire II et Frédégonde.
50. Raymond, comte de Toulouse.
51. Jean-Sans-Terre.
52. Saint Louis et Marguerite de Provence.
53. L'idole Irmensul et Charlemagne.
54. Mort de Carloman.
55. Saint Louis.
56. Roland.
57. Charles-Martel à la bataille de Poitiers.
58. Étendue de l'empire de Charlemagne.
59. Louis VII à Vitry.
60. Le fils de Clodomir.
61. Mort d'Épaminondas.
62. Dioclétien.
63. Caïus Julius et Caligula.
64. La Discorde.
65. La Religion.
66. La Vertu.
67. L'Industrie.

106. Le Baisement des pieds à Saint-Pierre et Canova.
107. Les Fils de Brutus sont condamnés à mort.
108. L'Arioste.
109. Charles-Édouard, petit-fils de Jacques II.
110. Phocion.
111. Belzunce, évêque de Marseille.
112. La Justice et la Vengeance poursuivant le crime.
113. L'Éducation d'Achille.
114. Charles-Quint, François Ier et Triboulet.
115. Convalescence de Bayard, à Brescia.
116. La Duchesse de Montmorency.
117. Les Femmes de Winsberg, sous Conrad III.
118. Joseph Vernet.
119. Lesueur mourant.
120. Mazet à Barcelone.
121. Blanche de Castille.
122. Damoclès.
123. Charles-Quint.
124. Neptune et Minerve.
125. Jeanne la Folle.
126. Adalbert de Périgord.
127. Anne de Boulen.
128. Henri IV.
129. Charles VII et Agnès Sorel.
130. Molière et Laforêt.
131. Persée et Andromède.
132. Henri IV visitant sa nourrice.
133. Ulysse, Icarius et Pénélope.
134. Louis XVI.
135. Stella.
136. Saint Louis.
137. Isis.
138. Henri IV.
139. Étienne et Domitien.
140. Tibérius Gracchus.
141. Septime-Sévère et Caracalla.
142. Démade et Philippe.
143. Henri IV et Sully.
144. Cambyse et Prexaspe.

145. Démosthènes.
146. Asdrubal ; prise de Carthage.
147. Le Rémouleur et Marsyas.
148. La Seine et la Marne.
149. Le Nil.
150. Le Rhin.
151. Les quatre rois de France assassinés, les six prisonniers.
152. Le cardinal la Balue et d'Harancourt, évêque de Verdun.
153. Fabius Dorso.
154. Antisthènes et Diogène.
155. Alexandre et Callisthènes.
156. Lucius et Marc Aurèle.
157. L'Occident.
158. D'Armagnac, duc de Nemours, sous Louis XI.
159. Henri IV à Ivry.
160. Catherine de Rohan.
161. La Femme d'Olivier Clisson, sous Philippe de Valois.
162. L'Orient.
163. Lysimaque et Alexandre le Grand.
164. Périclès et Anaxagore.
165. Titus Manlius Torquatus.
166. Silur, roi des Scythes.
167. Timon le Misanthrope.
168. Premiers états généraux, sous Philippe le Bel, en 1302. Pierre Flotte, chancelier, et Boniface VIII, pape.
169. Pierre l'Ermite. Première croisade.
170. Guillaume le Conquérant.
171. Vêpres Siciliennes (1282).
172. Pépin le Bref.
173. Le Midi.
174. Bathilde.
175. Childéric II et Bodillon.
176. Ébroïn, Guarin et Léger.
177. Ebdon et Louis le Débonnaire.
178. Philippe, fils de Louis le Gros.
179. Vespasien.
180. Louis le Jeune.

181. Brennus à Rome, — Camille.
182. David.
183. Thermutis et Moïse.
184. Agar et Ismaël.
185. David et Goliath.
186. Appius et Virginius.
187. Agrippine. — Néron.
188. Mithridate.
189. Les Thermopyles.
190. Tibérius Gracchus.
191. Scipion accusé.
192. Latone.
193. Edouard III et Philippine de Hainaut.
194. La Hire et Charles VII.
195. Mutius Scœvola.
196. Fabius, du temps d'Annibal.
197. Guy d'Arezzo.
198. Mariage de Louis XVI et de Marie-Antoinette.
199. Mort d'Ebroïn.—Hermanfroi.
200. Jean II. — Le prince Noir. — Denis de Morbec, chevalier d'Artois.
201. Constantin.
202. Jean Lack-Land, ou Sans-Terre.
203.) Voir *l'Explication des Énigmes historiques*, par
204.) Mlle Gombault.
205. Grenade. — Gonzalve de Cordoue. — Palais de l'Alhambra. — Boabdil. — Fontaine des Lions.
206. Lucius Quintius Cincinnatus.
207. Charles II, roi d'Angleterre.
208. Bellérophon. – La Chimère. — Jobate. — Philonoé
209. Persée et Acrisius.
210. Persée. — Les Gorgones : *Méduse, Chrysaor* et *Pégase*.
211. Cambyse.
212. Henri IV. — Sully. — Henriette d'Entragues.
213. Charles XII, après la bataille de Riga, contre les Danois, les Polonais et les Russes.
214. Pausanias.
215. Sodome, Gomorrhe, Adama, Seboïm, Ségor ou Béla.

216. Saint Jean, apôtre et évangéliste, dans l'île de Patmos; il écrivit l'Apocalypse.

217. Saint Pierre et saint Paul. — Néron. — Simon le Magicien.

218. Saint Sébastien.

219. Kléber à Alexandrie, et Dubois, médecin (1799).

220. Servius Tullius, Tanaquil et Tarquin l'Ancien.

221. Lothaire II. Découverte du Code de Justinien (12e siècle).

222. Pierre-le-Grand sur le lac Ladoga.

223. Bataille de Patai. — Jeanne d'Arc. — Charles VII. Xaintrailles. — Talbot.

224. Ulysse et Circé.

225. Pierre-le-Cruel ou le Justicier.

226. Titus.

227. Diogène.

228. Sainte Hélène et la vraie croix.

229. Eponine et Sabinus.

230. Zénobie, Sémiramis, Télésille, Philippine, Jeanne Hachette, Jeanne d'Arc.

231. Polynice et sa sœur Antigone.

232. Achille et Patrocle.

233. Jupiter en Crète.

234. Sylla.

235. Marius à Minturnes.

236. Saint Louis et Marguerite de Provence.

237. Richard Cœur-de-Lion et Blondel.

238. Ariane et Thésée.

239. Pénélope et Ulysse.

240. Fénelon.

241. Neptune.— La Seine, la Loire, le Rhône, la Garonne.

242. V. l'*Explication des Énigmes*, par Mlle Gombault.

243. Homère. Sept villes se disputent l'honneur de lui avoir donné naissance : *Smyrne, Rhodes, Colophon, Salamine, Chio, Argos, Athènes.*

244. Vénus et Adonis

245. Pont des Arts, construit en 1804, d'Austerlitz, en 1806, d'Iéna, en 1806, Pont-Neuf, en 1578, Pont-Royal, sous Louis XIV.

246. Les Quinze-Vingts, sous saint Louis (13ᵉ siècle).

247. Sainte-Geneviève. La première fondée sous Clovis (5ᵉ siècle). Celle que nous voyons, sous Louis XV (1764).

248. Calonne, ministre de Louie XVI.

Amalthée, chèvre qui nourrit Jupiter; il la mit au rang des astres avec ses deux chevreaux, et donna aux filles de Mélissus, roi de Crète, une de ses cornes, que les poètes appellent *corne d'abondance..*

249. Desaix à la bataille de Marengo.

250. Allusion au grammairien *Aristarque*, critique célèbre qui florissait cent quarante-huit ans avant Jésus-Christ.

251. Argus, fils d'Aristor.

252. 1ᵒ La France. — 2ᵒ L'Allemagne. — 3ᵒ L'Espagne. 4ᵒ Le Portugal. — 5ᵒ L'Angleterre. — 6ᵒ La Prusse. — 7ᵒ La Russie ou Moscovie. — 8ᵒ La Suède. — 9ᵒ Le Danemarck. — 10ᵒ L'Église romaine. — 11ᵒ La Turquie. — 12ᵒ La Pologne.

253. Octave-Auguste.

254. Description de la Campanie. Remarque historique sur Falerne, Cumes, Minturnes, Arpinum, Capoue.

255. Olympie, où *Hérodote* lut son histoire, aux jeux que l'on célébrait dans cette ville.

256. Marcellus.

257. Thermes. —Virgile, Ovide, Horace : détails sur ces écrivains.

258. Homère.

259. Le Camoëns et son poème de la Lusiade (16ᵉ siècle).

260. Détails historiques et géographiques sur *Sidon, Tyr, Ilion, Balbec, Palmyre*.

261. Camoëns.—Vasco de Gama, navigateur. Le Gange, le Tage, le cap de Bonne-Espérance, appelé cap des Tempêtes.

262. Le Mississipi.

263. Rémus et Romulus. — Faustulus.

264. Henri IV, empereur d'Allemagne, et Grégoire VII.

265. Thémistocle et Eurybiade, après la prise d'Athènes.

266. Hippocrate dans l'île de Cos, et les ambassadeurs d'Artaxercès.

267. La Sybille et Tarquin le Superbe.

268. Aristide.

269. Richard et Léopold, duc d'Autriche.

270. Egée et son fils Thésée.

271. Héro et Léandre.

272. Ces armures ont appartenu : La 1re aux Athéniens la 2e aux Celtes ; la 3e aux Romains ; la 4e aux Carthaginois ; la 5e aux Saxons ; la 6e aux premiers Français ; la 7e aux Goths ; la 8e aux Thraces ; la 9e aux chefs des Druides.

273. Assassinat de Jean Sans Peur, duc de Bourgogne ; Charles VII, alors dauphin ; le duc de Noailles.

274. Caïus Duilius, qui inventa les machines appelées corbeaux.

275. Guillaume Tell et Gessler.

276. Aster et Philippe au siége de Métone.

277. Eratosthènes, astronome, critique et philologue du deuxième siècle avant Jésus-Christ. Il était appelé le *cosmographe* et *l'arpenteur de l'univers*. *Thulé*, on croit que c'est l'Islande. *Pithéas*, astronome du siècle d'*Alexandre* ; *Ptolomée*, célèbre mathématicien, surnommé *très divin et très sage* (2e siècle de l'ère vulgaire).

278. Paul-Émilie et sa petite-fille, dont la chienne s'appelait Persée, nom qui parut d'un bon augure à Paul-Émile, qui allait combattre Persée, roi de Macédoine.

279. Louise de Savoie et Marguerite d'Autriche à Cambrai.

280. Pontoise assiégée par les Anglais, en 1435.

281. Henri de Navarre, père de Jeanne d'Albret, et Henri IV.

282. Raoul de Coucy et la dame Fayel, dite Gabrielle de Vergy.

283. Voyez l'*Explication des énigmes*.

284. Conradin et Frédéric.

285. Philippe de Valois après la bataille de Crécy.

286. Auguste, Virgile et Horace.

287. Pline-le-Naturaliste.—Éruption du Vésuve, 79 ans après Jésus-Christ.

288. Claudius Pulcher.

289. Le Rhône et le Rhin.

290. Le mont Saint-Gothard , du sommet duquel on découvre l'Italie, l'Helvétie et la France.

291. Démosthènes après la bataille de Chéronée.

292. L'Inconstance.

293. Louis XIV, madame de Maintenon, les jeunes filles de Saint-Cyr. Racine, Fénelon.

294. Tarpéia.

295. Erostrate.

296. Le Sphynx.

297. Hector.

298. Les trois Parques : Clotho qui tient la quenouille ; Lachésis qui tourne le fuseau ; Atropos qui tient les ciseaux.

Les trois Furies : Tysiphone. Mégère. Alecton.

Les trois Gorgones : Stenée, Euriale. Méduse.

Les trois Harpies : Aëllo, Ocypète, Cœleno.

299. Clovis et Alaric.

300. Sous Domitien.

301. 1re Tomyris , reine des Messagètes : 2e Baodicée : 3e Marguerite de Valdemar, surnommée la Sémiramis du Nord ; 4e Marguerite d'Anjou. femme de Henri VI ; 5e Jeanne de Montfort ; 6e Henriette d'Angleterre, femme de Charles Ier ; elle marche contre Cromwell.

302. Philippe IV, roi d'Espagne.

303. César dans la traversée de Brindes à Dyrrachium, quand il dit au pilote que la tempête effrayait : *Que crains-tu ? tu portes César.*

304. Guatimozin, successeur de Montézuma, empereur du Mexique, dans le XVIe siècle, lors de la conquête du Mexique par Fernand Cortès.

305. Ataliba, empereur du Pérou, à l'arrivée de François Pizarre (1531).

306. Polyphème. — Galatée et Acis.

307. Domitien.

308. Aristote et Philippe.

309. Quintus Fabius.

310. Gengis-Kan, après avoir vaincu Mohammed. sultan de Karisme.

311. Orphée.

312. Mercure.

313. Le café, son origine.

314. Castalie, fontaine consacrée à Apollon et aux Muses ; elle coulait au pied du mont Parnasse.

315. La fontaine intermittente. près de Digne.

316. Feu Saint-Elme ; nom qu'on donne à certains feux qui s'attachent quelquefois aux mâts d'un vaisseau, et qui paraissent ordinairement après une tempête. Les anciens les nommaient *Hélène,* quand ils n'en voyaient qu'un ; *Castor et Pollux,* s'il y en avait deux. Les marins appellent encore aujourd'hui ces feux, feux Saint-Elme ou Saint-Nicolas.

317. 800. Charlemagne. 1214. Bataille de Bouvines. 1282. Les Vêpres siciliennes 1572. La Saint-Barthélemy. 1598. Édit de Nantes. 1610 Mort de Henri IV. 1643. Avènement de Louis XIV au trône de France. 1700. Philippe V, petit-fils de Louis XIV, monte sur le trône d'Espagne. 1792. République française. 1801. Bataille de Marengo. 1814. Retour des Bourbons en France.

318. Paratonnerre. — Franklin.

319. Observations historiques et géographiques sur toutes les villes que renferment ces vers. — Parler du siècle d'Auguste et de celui des Médicis.— Notice particulière sur cette dernière famille.

320. Descente d'Orphée aux Enfers. — Les Danaïdes. — Les trois Furies. — L'Achéron. — Ixion.—Sysiphe. — Titius et Tantale.

SIÈCLE DE LOUIS XIV.

321. L'abbé de Choisy. — Il a fait une traduction de l'*Imitation de Jésus-Christ.*

322. Ségrais.

323. Lafontaine.

324. Boileau.

325. Racine.

326. Bossuet.

327. Corneille.

328. Molière.

329. Fénelon. — *Télémaque.*

330. Fontenelle.

331. Olivarès, ministre de Philippe IV.

332. Evrard-Nitard, ministre d'Espagne, dans la minorité de Charles II. — Marie d'Autriche, régente.

333. *Marie de Médicis*, fille de François de Médicis, grand-duc de Florence, et de Jeanne d'Autriche, fille de l'empereur Ferdinand. Elle eut pour filles : 1° *Élisabeth de France*, mariée à Philippe IV, roi d'Espagne ; 2° *Christine*, épouse de Victor-Amédée, duc de Savoie ; 3° *Henriette-Marie*, mariée à Charles 1er, roi d'Angleterre.

334. *Marguerite de Valois*, fille de Henri II, roi de France, et mariée à Henri IV, de Navarre.

335. Le café apporté en France en 1656, le tabac en 1560.

336. Les Chinois portent le deuil en blanc ; les Turcs, es Arméniens, les Syriens en bleu ; les Égyptiens, en jaune ; les Éthiopiens, en gris.

337. Diane.

338. Dans le Bengale.

339. L'Éloquence libre, le Génie de la tragédie, celui de la comédie, celui de la poésie héroïque, et celui de la poésie pastorale.

340. L'Envie, le Temps, la Vérité.

341. L'Espérance chrétienne.

342. La Fourberie.

343. La France.

344. La veuve de *Sarepta*, ou la multiplication des huiles.

245. Saint Barthélemy. — Saint Philippe. — Saint Jean l'Évangéliste.—Saint Jude.—Saint Thomas.—Saint André.—Saint Paul. — Saint Pierre. — Saint Simon. — Saint Mathias. — Saint Jacques-le-Mineur. —Saint Jacques le Majeur.

346. Catinat.

347. Le chancelier Voisin, sous Louis XIV.

348. Vauban.

349. Perruque d'Héliogabale.

350 et suivants. Voir l'*Explication des Enigmes*, par Mlle Gombault, pages 417 à 474.

VERSAILLES. — IMPRIMERIE CERF ET FILS, 59, RUE DUPLESSIS.

OUVRAGES DE M. LÉVI ALVARÈS PÈRE

HISTOIRE

Nouveaux éléments d'Histoire générale, rédigés sur un plan méthodique et entièrement neuf, ouvrage propre à faciliter l'enseignement et l'étude des principaux événements depuis la Création jusqu'à nos jours. 1 vol. gr. in-18. 4 50

Esquisses historiques, ou Cours méthodique d'histoire, composé sur un plan nouveau. 1 vol. gr. in-18.................... 2 50

Manuel historique des peuples anciens et modernes, à l'usage de l'enseignement primaire, élémentaire et secondaire. 1 vol. gr. in-18. 1 20

Tableau synoptique de l'échelle des peuples, d'après le *Manuel historique*. 1 50

Recueil de tableaux historiques, 12 tableaux (chaque tableau 40 c.) petit in-folio....... 4 »

Enigmes historiques, ou petit Musée Classique. 1 vol. gr. in-12.................... 1 70

Histoire universelle. Explication des Enigmes historiques, p. Mlle Gombault. 1 v. g. in-18. 3 50

Histoire classique des reines de France. 1 vol. gr. in-18..................... 3 »

Abrégé méthodique de l'Histoire de France, rédigé d'après les leçons et la méthode de M. Lévi, par Mlle Gombault; nouvelle édition, revue et considérablement augmentée, par M. Lévi. 1 vol. gr. in-18............ 4 50

Questionnaire d'Histoire de France » 90

GÉOGRAPHIE

Abrégé méthodique de géographie générale, ou Etudes géographiques. 1 volume grand in-18..................... 3 »

Le Tour du Monde, ou Premières études géographiques par voyages. Gr. in-18........ 2 »

Tableau géographique de la France. Une grande feuille.................... » 60

Questionnaire géographique........ » 80

LANGUE FRANÇAISE

Grammaire normale des Examens, ou Solutions raisonnées de toutes les questions sur la grammaire française, proposées dans les examens de toutes les académies de France, par MM. Lévi et Rivail. 1 vol. gr. in-18.... 3 »

Dictées normales des Examens, recueillies et choisies dans les examens de la Sorbonne, de l'Hôtel de Ville de Paris, etc., avec des notes grammaticales, étymologiques, historiques et anecdotiques sur l'origine et l'orthographe d'un grand nombre de mots, par les mêmes. 1 vol. gr. in-18.................... 2 50

Le Nomenclateur orthographique. Premiers exercices d'orthographe. Gr. in-18. 2 50

Les Omnibus du langage. 1 volume grand in-18..................... 2 »

Questionnaire grammatical et littéraire. Grand in-18..................... 2 »

LITTÉRATURE

Esquisses littéraires. Précis méthodiques des littératures europ. et orientales. Gr. in-18. 4 50

Précis méthodique de la littérature française (extr. des Esquisses littér.). Gr. in-18... 1 70

Nouvelle Mnémosyne classique. In-18. 2 »

PHYSIQUE, ETC.

Les Pourquoi et les Parce que, ou la Physique popularisée. 1 volume grand in-18, avec fig..................... 2 50

Cosmographie racontée à l'enfance. » 80

Abrégé méthodique des sciences exactes et naturelles. 1 vol. gr. in-18........ 2 50

Grands tableaux d'Histoire naturelle (3 tableaux, 6 grandes feuilles). Chacun.... 5 »

Manuel de la Méthode de M. Lévi. In-8. 4

OUVRAGES DE M. THÉODORE LÉVI ALVARÈS

Les premières notions sur toutes choses; ou Sujets de causeries avec les enfants sur l'histoire naturelle, l'industrie, la cosmographie, la physique. Gr. in-18................. 1 70

Les Entretiens de l'enfance, ou Simples réponses aux questions des petits enfants sur les animaux, les plantes, les arts et mét. Gr. in-18. » 65

Les premières leçons de Grammaire, renfermant : 1° la théorie grammaticale mise à la portée des enfants; 2° des observations servant à éclairer et à développer le texte; 3° un questionnaire complet; 4° des exercices gradués et de nombreux exemples aidant à l'application des principes. Gr. in-18.................. 1 20

Grammaire des petits enfants. In-18. » 25

Les Dictées quotidiennes, ou Recueil de fragments extraits des auteurs classiques, donnant le texte d'une dictée par jour pendant la durée de l'année scolaire. Gr. in-18..... 1 20

Premières leçons de Géographie... 1 »

Petit Musée mythologique, ou les Fables et les Métamorphoses de la mythologie grecque et romaine, présentées en tableaux. Grand in-18..................... 1 20

Nouveau Mémorial littéraire. Recueil de morceaux de prose et de vers, choisis dans les meilleurs auteurs.

1re *Partie* : Texte, Questionnaire et exercices, Gr. in-18..................... 1 70

2e *Partie* : Explication. Gr. in-18.... 1 »

Tableau synchronique de l'histoire ancienne, du moyen âge et moderne, pour étudier avec fruit les *Histoires racontées* par M. Lamé Fleury. Une feuille demi-couronne..................... » 40

Nouveau tableau généalogique et historique des dynasties qui ont régné sur la France et de leurs branches latérales, par Fédor Thoman. Deux feuilles jésus, coloriées.................... 2 »

Paris. — Typ. PILLET fils aîné, 5, rue de Grands-Augustins.